Nicky Gumbel

DER ALPHA-LEITFADEN

Nicky Gumbel

Der Alpha-Leitfaden

*Starthilfe für Alpha-Kurse,
Erfahrungsberichte und Tipps*

Edition Alpha

Projektion J Verlag

Titel der Originalausgabe:
Telling others

© 1995 der ersten Auflage by Nicky Gumbel
Published by Kingsway Publications Ltd.
Lottbridge Drove, Eastburne, E. Sussex BN23 6NT, England

© 1997 der deutschen Ausgabe
by Projektion J Verlag, Asslar

ISBN 3-89490-191-8

Auf der Grundlage der neuen Rechtschreibregeln.

Die Bibelzitate wurden der Einheitsübersetzung entnommen.

Übersetzung: Eva Weyandt
Umschlaggestaltung: Petra Louis
Satz: Projektion J Verlag
Druck und Verarbeitung: Ebner Ulm

Nachdruck, auch auszugsweise, nur mit Genehmigung des Verlages.
2   3   4   5   02   01   00   99

INHALT

VORWORT
ZUR DEUTSCHEN AUSGABE

Braucht Deutschland Alpha?

Deutschland ist am Ende des 20. Jahrhunderts längst kein christliches Land mehr. Wir haben es also nötig, auf jedem nur erdenklichen Weg das befreiende Evangelium von Jesus Christus zu hören. Alpha ist ein Weg von vielen. Mehr nicht. In vielen Punkten gleicht Alpha anderen Glaubenskursen, an ein paar Stellen gibt es charakteristische Unterschiede, die dieses Buch erläutert. Wenn nun in Ihrer Gemeinde ein Kurs oder ein Programm existiert, in dem kontinuierlich Menschen ohne oder mit geringer christlicher Sozialisation zum Glauben finden, dann arbeiten Sie getrost mit Ihrem bewährten Instrument weiter. Sollten Sie aber noch nach einem Konzept suchen, wie Sie Außenstehende unaufdringlich, aber wirkungsvoll für den Glauben gewinnen können, dann lesen Sie dieses Buch zu Ende und lassen Sie sich von Nicky Gumbels begeisternder und ermutigender Botschaft inspirieren.

Auf den ersten Blick beeindrucken schon die Zahlen über das weltweite Wachstum der Alpha-Kurse: Anfang 1997 wurden in 5 000 Gemeinden in knapp 40 Ländern Kurse angeboten; schon 1996 belief sich die Gesamtteilnehmerzahl auf eine Viertelmillion Menschen. Die Berichte derer, die durch diesen Kurs zu einem lebendigen Glauben an Jesus Christus gefunden haben, können schon jetzt mehrere Bücher füllen, und dabei sind nur ein Bruchteil dieser Geschichten dokumentiert. Eine weltweite missionarische Dynamik ist entstanden. Diese Fakten begeistern, machen aber auch nachdenklich.

Das Chamäleon unter den Glaubenskursen

In den vergangenen Jahren sind immer wieder Konzepte aus dem angelsächsichen Raum nach Deutschland importiert worden. Oft genug hat sich nach einer anfänglichen Euphorie herausgestellt, dass nicht alles, was in anderen Gegenden der Welt fantastische Resultate hervorbrachte, auch in deutschen Gemeinden umsetzbar ist. Manchmal aber wurde die Enttäuschung weniger von den Konzepten verursacht als vielmehr von zu hoch gespannten Erwartungen und dem bloßen Kopieren eines Modells, dessen geistliche Prinzipien man nicht verinnerlicht hatte.

Alpha-Kurse, das haben die beiden letzten Jahre gezeigt, lassen sich relativ problemlos in unsere deutsche Kultur einfügen, ja sie passen auch hierzulande in völlig unterschiedliche Umfelder: landeskirchlich, freikirchlich und katholisch; evangelikal, hochkirchlich, charismatisch; Innenstadt, Landgemeinde und Stadtrand; Mütter, Jugendliche, Geschäftsleute oder Gefängnisinsassen.

Die Empfehlungen von Gemeindeleitern, die Sie im Anhang dieses Buches finden, geben einen Einblick in die Bandbreite der Anwendbarkeit.

Diese ergibt sich daraus, dass hier zunächst wichtige, grundlegende biblische Prinzipien vermittelt werden, die ein gründliches und umfassendes Verstehen des Kurses möglich machen, aus dem sich die Praxis wie von selbst ergibt. Wie ein Chamäleon lässt sich Alpha mit seiner einfachen Struktur in verschiedenste »Szenen« hineintragen, ohne dass sich dabei Inhalte und Charakter des Kurses wesentlich verändern. Es »funktioniert«, auch hier bei uns, und zwar mit steigender Tendenz.

Eine langfristige Strategie

Alpha ist kein Instant-Rezept. Der Kurs ist über knapp 20 Jahre hinweg in der anglikanischen Gemeinde *Holy Trinity Brompton Church* (*HTB*) entwickelt worden. Erst seit etwa fünf Jahren werden diese Kurse in anderen Gemeinden angeboten. Auch dort machte man dann die Erfahrung, dass die Kurse im Laufe der Zeit nicht nur den Rand und das unmittelbare Umfeld der (Kern-) Gemeinde, sondern in einer Art Dominoeffekt auch immer mehr säkularisierte Menschen erreichten. Typischerweise werden bei kontinuierlicher Durchführung (das heißt normalerweise dreimal im Jahr) die ersten beiden Kurse mehrheitlich von Gemeindegliedern besucht, beim dritten Kurs gehen die Teilnehmerzahlen zurück und steigen ab dem vierten wieder an, nur dass sich dann die Besucher überwiegend aus einem nichtchristlichen Hintergrund rekrutieren.

Bevor Sie also abschließend darüber urteilen, was Alpha bei Ihnen wirklich leisten kann, sollten Sie drei bis vier Kurse möglichst hintereinander durchgeführt haben – zum Beispiel von Anfang Oktober bis Mitte Dezember, Mitte Januar bis Ende März und von Mai bis Juli. Sollten Sie schon von den ersten beiden Kursen begeistert sein, bleiben Sie dran: Es wird in der Regel noch besser. Auch bei »Menschenfischern« ist Geduld eine entscheidende Tugend.

Arbeiten wie ein guter Koch

Vielen erfahrenen Kursleitern hat Alpha zuerst einmal einen Akt der Demut abverlangt. Sie haben eigene, liebgewordene und unter großem Aufwand erstellte Konzepte und Referate zur Seite gelegt und sich an Hand der Gliederung des Teilnehmerheftes und den Vorträgen von Nicky Gumbel aus »Fragen an das Leben« ganz neu eingearbeitet. Sie sind dabei vorgegangen wie ein Koch, der ein neues Rezept ausprobiert: Da werden nicht einfach Zutaten beliebig gegen andere ausgetauscht, weil man sich den zusätzlichen Einkauf ersparen will, sondern man folgt der Anleitung erst einmal ganz gewissenhaft. Die Variationen und Verbesserungen, wenn sie denn nötig sein sollten, können später immer noch dazukommen.

Ich habe mit vielen Pfarrern, Pastoren und Leitern über diesen Punkt diskutiert und dabei bemerkt: Wer sich an die Vorgaben dieses Buches hält, hat in der Regel gute Erfahrungen gemacht, während die meisten Kurse mit eigenwilligen Modifikationen nach kurzer Zeit aufgegeben wurden. Halten Sie sich doch einfach für eine Weile möglichst genau an das »Rezept«. Improvisieren können Sie dann immer noch.

Achtung: positive Nebenwirkungen!

Vermutlich werden Sie nach einer Weile auf einige erfreuliche Nebenwirkungen aufmerksam: Der Alpha-Kurs ist nämlich auch eine gutes Training für Mitarbeiter. Sie werden vor dem Kurs geschult und während des Kurses gefordert. Die intensive Beschäftigung mit Glaubensgrundlagen, die bohrenden Fragen der Kursteilnehmer und das Gefühl, vielleicht zum ersten Mal überhaupt für eine Gruppe verantwortlich zu sein, werden bei vielen Mitarbeitern Spuren hinterlassen. Entweder arbeiten sie dann im nächsten Alpha-Kurs weiter mit oder sie werden gute Kleingruppen- bzw. Hauskreisleiter. In den meisten Fällen wird ihr Umgang mit »Neuen« in der Gemeinde unkomplizierter und einfühlsamer sein. Im Laufe der Zeit kann so auch eine scheinbar verschlossene, nach innen gekehrte Gruppe zu einer offenen und für Außenstehende attraktiven Gemeinschaft werden.

Zusätzlich trägt Alpha in seiner universalen Weite noch dazu bei, die Barrieren zwischen Gemeinden und Konfessionen abzubauen. Plötzlich ziehen Christen verschiedener Bekenntnisse an einem Strick. Alpha bleibt Alpha, ob es nun von Katholiken, Baptisten oder dem CVJM angeboten wird. Damit entsteht eine missionarische Koalition, die Eigenheiten und Sonderlehren nicht verschweigt, sie aber um des gemeinsamen Zeugnisses willen während des Kurses zurückstellt, auf Kritik am anderen verzichtet und in dieser Haltung auch in den Augen der Welt wieder ein positives Bild der christlichen Gemeinschaft fördert.

Am meisten bereichert werden Sie jedoch wahrscheinlich durch die Begeisterung derer, die durch Alpha zum Glauben gefunden haben und Gott begegnet sind. Und hier stoßen wir auf ein Geheimnis, das nicht allein durch eine clevere Methodik erklärt werden kann. Es gibt viele großartige Konzepte. Warum Gott in der heutigen Zeit Alpha in einem so beeindruckenden Maß als Werkzeug des Heiligen Geistes gebraucht, kann man nicht so einfach erklären. Man kann bestenfalls zur Kenntnis nehmen, dass es so ist.

Braucht Deutschland Alpha? Ich denke, Deutschland benötigt eine Vielzahl von Initiativen, die das Evangelium kirchendistanzierten Menschen wieder zugänglich machen. Dass Alpha hier einen Beitrag leistet, ist eine Tatsache. Deutschland braucht auch lebendige Gemeinden, die ihr persönliches Umfeld mit der Guten Nachricht durchdringen. Welchen Beitrag Alpha hier leistet, werden wir in den kommenden Jahren sehen.

Dr. Peter Aschoff
Alpha (Deutschland) Förderverein

VORWORT
ZUR ENGLISCHEN AUSGABE

Wenn wir uns heute unsere Gemeinden ansehen, sind wir, die wir im Dienst Christi stehen, wahrscheinlich manchmal nahe daran, den Mut zu verlieren: Die sinkenden Mitgliederzahlen, die langsam verfallenden Gebäude und die Mutlosigkeit so vieler Glieder des Leibes Jesu Christi sind erschreckend. Der Apostel Paulus stand vor einer ähnlichen Situation und doch konnte er sagen: »Daher erlahmt unser Eifer nicht in dem Dienst, der uns durch Gottes Erbarmen übertragen wurde« (2 Kor 4,1).

Es ist durchaus nicht so, dass sich die Menschen nicht mehr für geistliche Dinge interessieren – das Interesse an Okkultismus, religiösen Erfahrungen, Spiritismus und anderen verwandten Formen alternativen Suchens ist so groß wie nie zuvor –, aber das tief in uns sitzende Verlangen, unsere innere Leere auszufüllen, kann dadurch nicht befriedigt werden. Unsere Erfahrungen in der *Holy Trinity Brompton Church* haben gezeigt, dass die Menschen jetzt ein neues Interesse für Jesus Christus und den christlichen Glauben entwickeln. In unserer postchristlichen Gesellschaft wissen viele nichts mehr von Christus. Dennoch möchten viele mehr über Jesus von Nazaret erfahren, vor allem, wenn dies in einer Atmosphäre der vorbehaltlosen Annahme geschehen kann, in einer Umgebung, in der die Menschen keine Angst zu haben brauchen, verurteilt, verspottet oder lächerlich gemacht zu werden. Dies ist einer der Gründe, warum der Alpha-Kurs meiner Meinung nach ein so großer Erfolg ist. Die Themen sind klar formuliert und die Ansprüche Christi werden sorgfältig erforscht. Und das alles zusammen mit anderen suchenden Menschen und in einer Atmosphäre der Liebe und Annahme.

Vor einigen Jahren hat Nicky Gumbel diesen Kurs übernommen und ihn seither nach Auswertung Tausender Fragebögen immer weiter verbessert, so dass er nun voll und ganz auf die erkannten Bedürfnisse der Teilnehmer zugeschnitten ist. Es werden keine Vorkenntnisse vorausgesetzt; das Evangelium wird auf der Basis seiner wesentlichen Inhalte erläutert. Mit diesem Kurs hat Nicky Gumbel dieser Generation einen Zugang zum christlichen Glauben verschafft!

Aber das Wachstum von Alpha ist nicht nur harter Arbeit zu verdanken. Allein der Heilige Geist hat den Kurs ins Leben gerufen. Er weckte in den Herzen der Teilnehmer die Schnsucht, diesen Gott, der wirklich existiert, kennen zu lernen. Der Heilige Geist allein kann diese Sehnsucht stillen. Durch die Erkenntnis, dass Jesus Christus die Macht hat, zu vergeben, zu befreien, zu befähigen und auszurüsten, beginnt für so viele, die Gott brauchen, ein neues Leben.

In dem Augenblick, in dem dieses Buch in Druck geht, finden Hunderte von Alpha-Kursen in diesem Land und in anderen Teilen der Welt statt. Sie reichen von kleinen Gruppen mit fünf Teilnehmern bis hin zu großen Gruppen mit über fünfhundert Teilnehmern, wie im Augenblick hier an der *Holy Trinity Brompton Church*.

Ich weiß, dass dieses Buch Ihnen Freude machen wird. Auch bin ich zuversichtlich, dass Sie durch die Gnade Gottes erleben werden, wie viele Menschen zu Gott finden, weil Sie die hier aufgeführten Prinzipien in die Praxis umgesetzt haben.

Sandy Millar
Erster Pfarrer der *Holy Trinity Brompton Church*

EINFÜHRUNG

Tausende von Menschen auf der ganzen Welt nehmen zur Zeit an einem Alpha-Kurs teil – an einer zehnwöchigen praktischen Einführung in den christlichen Glauben, die in erster Linie auf Kirchendistanzierte und Menschen zugeschnitten ist, die erst seit kurzer Zeit Christen sind. Im Mai 1993 veranstalteten wir in der *Holy Trinity Brompton Church* eine Konferenz für alle Gemeindeleiter, die Interesse daran hatten, einen solchen Kurs in ihrer Gemeinde durchzuführen. Mehr als 1 000 Menschen sind gekommen; als Folge davon wurden Hunderte von Alpha-Kursen in ganz England begonnen. Seither haben mehrere regionale Konferenzen stattgefunden und es ist auch Interesse an einer internationalen Konferenz bekundet worden. Die Zahl der Alpha-Kurse in den verschiedensten Gemeinden wächst täglich.

Dieses Buch ist in erster Linie als Hilfestellung für die Gemeinden geeignet, die einen solchen Alpha-Kurs beginnen wollen, wenn auch viele der Prinzipien für Evangelisation durchaus für eine breitere Anwendung geeignet sind.

Alpha entstand zunächst als grundlegende Einführung in den christlichen Glauben und entwickelte sich dann zu einem Kurs für Menschen, die außerhalb der Gemeinden stehen. Ins Leben gerufen wurde dieser damals noch vier Wochen dauernde Kurs von dem anglikanischen Geistlichen Charles Marnham. 1981 übernahm John Irvine die Verantwortung für diese Arbeit. Der Kurs wurde auf zehn Wochen ausgedehnt und außerdem wurde noch ein Wochenende hinzugefügt, an dem über die Person und das Wirken des Heiligen Geistes informiert wird. Als Nicky Lee ihn 1985 übernahm, betrug die

Teilnehmerzahl in jedem Kurs fünfunddreißig Personen. Unter seiner Führung wuchs sie schnell auf mehr als hundert Personen an. Mittlerweile nehmen über fünfhundert Personen (einschließlich des Leitungsteams) an jedem Kurs teil (drei pro Jahr). Es erscheint uns sinnvoll, einiges von dem weiterzugeben, was wir im Laufe der Jahre gelernt haben.

Neben den theologischen Prinzipien und den praktischen Tips für die Durchführung der Kurse enthält dieses Buch die Geschichten von Menschen, deren Leben Gott durch einen Alpha-Kurs verändert hat. Jede Person schreibt in ihrem persönlichen Stil. Die Erfahrungen der Einzelnen wurden unmittelbar nach dem Erlebten niedergeschrieben, als die Erinnerung daran noch frisch war. Nigel Skelseys Geschichte ist einem Brief entnommen, den er wenige Tage nach seiner Entscheidung für Christus geschrieben hat. Die anderen Berichte basieren auf Interviews mit Mark Elsdon-Dew und wurden ursprünglich in *Focus*, der Gemeindezeitung der *Holy Trinity Brompton Church*, dessen Herausgeber er ist, abgedruckt. Freundlicherweise hat er uns dieses Material für das vorliegende Buch zur Verfügung gestellt.

Die meisten meiner Erfahrungen habe ich bei dem Alpha-Abendkurs in der *Holy Trinity Brompton Church* sammeln können; in Anhang C habe ich jedoch auch einen Bericht von Deidre Hurst über ihre Erfahrungen mit einem Alpha-Kurs angefügt, den sie tagsüber abgehalten hat.

Danken möchte ich Jon Soper, der mir bei der Beschaffung des Materials für dieses und alle anderen Bücher im Zusammenhang mit dem Alpha-Kurs geholfen hat. Ich bin sehr dankbar für seine sorgfältige, schnelle und effiziente Arbeit und für seine hilfreichen Tips und Vorschläge.

Ich möchte auch allen danken, die die Manuskripte gelesen und mir ihre Meinung und ihre Kritik dazu gesagt haben, ganz besonders Jo Glen, Patricia Carter, Reverend Alex Welby, Judy Cahusac, Nicola Hinson, Chris Russell und Simon Downham.

Und zum Schluss ein großes Dankeschön an Philippa Pearson Miles für ihr Kapitel über Organisation und dafür, dass sie das Manuskript getippt und das Projekt mit ihrer außerordentlichen Kombination aus Schnelligkeit und Enthusiasmus, Ruhe und Geduld organisiert hat.

Kapitel 1

Grundlagen

E vangelisation war noch nie meine Stärke und mir ist es immer schwer gefallen, mit meinen Freunden über Jesus Christus zu sprechen. Es gibt Leute, die von Natur aus Evangelisationstalente sind; für sie ist es die natürlichste Sache der Welt. Neulich hörte ich von einem Mann, der jede Gelegenheit wahrnimmt, mit Menschen über Jesus zu sprechen. Wenn er an einer Bushaltestelle steht und sich der Bus verspätet, nutzt er diese Situation, um über die Wiederkunft Jesu zu sprechen! Einer meiner Freunde ist ebenfalls ein sehr selbstsicherer Evangelist und spricht, wo er geht und steht, über Jesus. Im Zug zum Beispiel erzählt er seinem Gegenüber von Jesus. Auf der Straße spricht er Menschen an und verwickelt sie in ein Gespräch über Jesus. Wenn er und seine Familie in ein Restaurant gehen, klopft er, nachdem er seine Mahlzeit beendet hat, auf den Tisch und bittet um Ruhe. Er steht dann auf und predigt fünf Minuten lang das Evangelium. Er sagt, dass im Anschluss daran immer wieder Menschen zu ihm kommen und sich bei ihm dafür bedanken. Ich könnte so etwas nicht.

Meine Entscheidung für Christus liegt mehr als zwanzig Jahre zurück. Ich freute mich damals so über das, was geschehen war, dass ich mir wünschte, alle meine Bekannten würden denselben Schritt tun. Ich war erst wenige Tage Christ, als ich eine Party besuchte und fest entschlossen war, allen Gästen von meiner Umkehr zu erzählen. Dort entdeckte ich eine Freundin, die gerade tanzte, und beschloss, ihr klarzumachen, dass sie Jesus brauchte. Ich ging also zu ihr und sagte: »Du siehst schrecklich aus. Du brauchst unbedingt Jesus.« Sie dachte, ich sei verrückt geworden. Dies war keine besonders effektive Art, einem anderen von Jesus zu erzählen. (Ohne mein Zutun wurde sie später jedoch Christin und heute ist sie meine Frau.)

Wenn wir wie ein Elefant im Porzellanladen herumstampfen, werden wir früher oder später verletzt werden. Selbst wenn wir das Thema noch so einfühlsam angehen, besteht trotzdem die Gefahr einer Verletzung. Und wenn das passiert, neigen wir gewöhnlich dazu, uns zurückzuziehen. Diese Erfahrung habe ich jedenfalls gemacht. Nach einigen Jahren setzte ich mich nicht mehr der Gefahr aus, unsensibel zu sein. Ich verfiel ins andere Extrem und hatte Angst, überhaupt etwas zu sagen. Es gab eine Zeit (ironischerweise besuchte ich da gerade die Theologische Hochschule), in der ich davor zurückschreckte, Nichtchristen gegenüber den Namen Jesus überhaupt auszusprechen. Es war üblich, dass wir als Studentengruppe loszogen, um den Menschen in einem Pfarrbezirk am Rande Liverpools vom Evangelium zu erzählen. Jeden Abend aßen wir mit unterschiedlichen Leuten aus dem Pfarrbezirk zu Abend. Eines Abends wurden mein Freund Rupert und ich zu einem Ehepaar geschickt, das am Rande der Gemeinde stand (um genauer zu sein, die Frau stand am Rande der Gemeinde, der Mann ging gar nicht in die Kirche!). Nach einer Weile fragte mich der Mann, was wir bei ihnen wollten. Ich stotterte, stammelte, zögerte und wand mich. Immer wieder stellte er mir diese Frage. Schließlich antwortete Rupert gerade heraus: »Wir sind gekommen, um den Menschen hier von Jesus zu erzählen.« Mir war das alles schrecklich peinlich und ich hoffte, der Boden würde sich unter mir auftun und uns alle verschlucken! Mir wurde jedoch auch klar, wie ängstlich ich geworden war; ich hatte sogar Angst, den Namen Jesus in den Mund zu nehmen.

Seither bin ich auf der Suche nach Wegen, wie gewöhnliche Sterbliche wie ich, zu deren Stärken nicht unbedingt die Evangelisation gehört, ihren Glauben an Freunde, ihre Familien und Kollegen weitergeben können, ohne Angst haben zu müssen, unsensibel zu sein. Ich habe festgestellt, dass auch der Durchschnittsbürger mit der Hilfe von Alpha zum Evangelisten werden kann.

Neuere Statistiken haben gezeigt, dass zwischen 1980 und 1990 annähernd 1 000 Menschen pro Woche aus der Kirche Englands ausgetreten sind. In anderen Denominationen sah es ähnlich traurig aus. Die überwiegende Mehrheit der Bevölkerung Großbritanniens geht gar nicht mehr zur Kirche und von den übrigen besuchen viele ausschließlich den Weihnachts- oder Ostergottesdienst. Eine Folge davon ist nach meiner Überzeugung ein Verfall der Moral. Die Struktur unserer Gesellschaft löst sich langsam auf. Täglich werden in Großbritannien mindestens 480 Ehen geschieden, 170 Babys von Teenager-Müttern auf die Welt gebracht und 470 Embryos abgetrieben. Außerdem wird mindestens alle sechs Sekunden ein neues Verbrechen begangen und alle zwei Minuten findet ein Gewaltverbrechen statt. Obwohl es 30 000 Geistliche aller christlichen Denominationen gibt, sind doch mehr als 80 000 registrierte Hexen und Wahrsager in Großbritannien zu finden.[1]

Doch gleichzeitig entstehen überall Keimzellen neuen Lebens: Neue Gemeinden werden gegründet. Viele bestehende Gemeinden haben Wachstum zu verzeichnen, manchmal langsames, manchmal aber auch ein rapide ansteigendes. Im »Jahrzehnt der Evangelisation« (das heißt, in den 80er Jahren) entstanden aus den Erneuerungsbewegungen neue christliche Initiativen. Eine davon ist der Alpha-Kurs. Wir alle, die wir daran beteiligt sind, haben den überreichen Segen Gottes gespürt, der darauf liegt.

Mir ist klar, dass wir vorsichtig sein müssen, wenn wir sagen, es sei ein Werk Gottes. Ich kenne die Geschichte eines Mannes, der zu einem Prediger kam und sagte: »Das war eine hervorragende Predigt.« Der Prediger erwiderte demütig: »Das war nicht ich, das war Gott«, worauf der Mann meinte: »So gut war sie nun auch wieder nicht.« Wenn ich sage, dass wir der Meinung sind, Alpha sei ein Werk Gottes, soll das nicht heißen, dass es vollkommen ist. Ich bin sicher, dass diese Arbeit durch menschliche Fehler und Schwächen sehr beeinträchtigt wird. Es gibt viel Raum für Verbesserungen und wir versuchen, aufmerksam auf konstruktive Kritik zu hören. Auch sind wir keinesfalls der Meinung, Gott würde nur diese Form der Evangelisation segnen. Trotzdem: Alles deutet darauf hin, dass dies ein ganz außergewöhnliches Werk Gottes ist, und wir sind sehr dankbar dafür.

Als Alpha zu wachsen begann, dachte ich: Wie kann etwas, das mitten in London begonnen wurde, auch anderswo funktionieren? Mittlerweile werden in mehr als fünfzig Ländern Alpha-Kurse angeboten: in Simbabwe, Kenia, Norwegen, Dänemark, Schweden, Deutschland, Malaysia, Hongkong, Australien, Neuseeland, den Vereinigten Staaten, Kanada und vielen anderen.

Als ich vor einiger Zeit an einer Alpha-Konferenz in Simbabwe teilnahm, stellte ich fest, dass nicht nur unter den Englisch sprechenden Einwohnern Simbabwes Alpha-Kurse durchgeführt werden, sondern auch unter den Eingeborenen, die nur Schona sprechen. Simbabwe hat mehr als 10 Millionen Einwohner. In diesem Land gibt es zwar 80 000 Weiße, doch neunzig Prozent der schwarzen Bevölkerung sprechen Schona. Bei dieser Konferenz lernte ich einen Mann namens Edward Ngamuda kennen. Ursprünglich leitete er einen Alpha-Kurs in Englisch, doch dann hatte er die Idee, einen solchen Kurs auf Schona abzuhalten. Ein Ehepaar war bei einem solchen Kurs zum Glauben an Jesus Christus gekommen und hatte ihn gebeten, diesen Kurs mit den neunhundert Menschen durchzuführen, die auf ihrer Farm arbeiteten. Bei dem ersten Kurs kamen dreißig, bei dem zweiten fünfzig Personen

zum Glauben. Ich fragte ihn, ob diese Menschen Christen gewesen seien, als sie zu dem Kurs kamen. »Nein«, erwiderte
er, »wir hatten einen Moslem, einen Zauberdoktor und einen
Polygamisten dabei.« Ich fragte, was den Polygamisten zum
Kommen veranlasst hätte, und erfuhr, dass seine Hauptfrau an
dem ersten Kurs teilgenommen hatte. Sie hatte ihn und seine
beiden anderen Frauen zu dem folgenden Kurs mitgebracht!
Edward versicherte mir, die Alpha-Kurse würde auf Schona
besser funktionieren als auf Englisch. In diesem Augenblick
wurde mir klar, dass dieser Kurs, der in London entstanden
ist, auch in anderen Ländern und Kulturen etwas bewirken
konnte. Warum?

Nach meiner Meinung ist der Grund hierfür, dass Alpha
auf sechs neutestamentlichen Prinzipien aufbaut. In diesem
ersten Kapitel möchte ich mich mit jedem dieser Prinzipien
eingehend beschäftigen.

1. Evangelisation[2] ist besonders effektiv, wenn sie durch die örtliche Gemeinde durchgeführt wird

John Stott, Autor vieler Bücher und Pfarrer im Ruhestand der
All Souls Church, *Langham Place*, hat Evangelisation durch
die örtliche Gemeinde als »die normalste, natürlichste und
produktivste Methode« bezeichnet, das Evangelium in der
heutigen Zeit weiterzugeben.[3] Dafür gibt es mindestens vier
Gründe:

Man kauft nicht die Katze im Sack

Großevangelisationen im Stil von Billy Graham sind ganz ohne Zweifel ein Mittel, dessen sich Gott bedient hat, um Menschen mit dem Evangelium bekannt zu machen. Sie sind auch

heute noch ein effektiver Weg, Menschen zu Christus zu führen.

In unserer Gemeinde bilden wir häufig kleine Teams, die dann an die Universitäten oder in die Stadt gehen, um von Jesus zu erzählen. Solche Initiativen sind sehr wertvoll und wichtig. Aber andererseits werden solche Einsätze viel eher dauerhafte Frucht bringen, wenn sie in ein festes Evangelisationsprogramm der örtlichen Gemeinde eingebunden sind, weil sie dann den großen Vorteil der Kontinuität der Beziehungen haben. Wenn jemand zum Beispiel bei einer Evangelisationsveranstaltung zum Glauben kommt, wird er an die örtliche Gemeinde verwiesen. Dort stellt er vielleicht fest, dass die Gemeinde ganz anders strukturiert ist als die Gruppe, bei der er zum Glauben gekommen ist, und er geht einfach nicht mehr hin. Dies ist einer der Gründe, warum die Nacharbeit nach großen Evangelisationen so schwierig ist. Wenn jemand dagegen in der örtlichen Gemeinde mit dem christlichen Glauben »konfrontiert« wird, ist er mit dem Ort und den Menschen vertraut und wird viel eher bleiben. Bei den Alpha-Kursen stellen wir immer wieder fest, dass viele Menschen sich zunächst einmal in einer Gruppe von Christen zu Hause fühlen müssen und erst danach zum Glauben kommen.

Sie mobilisiert eine ganze Armee von Evangelisten

In jeder Gemeinde gibt es Menschen, die die Gabe der Evangelisation besitzen – doch leider wird ihre Gabe viel zu oft nicht erkannt. Eine Umfrage hat zum Beispiel ergeben, dass nur zehn Prozent der amerikanischen Gemeindemitglieder in einem bestimmten Aufgabengebiet aktiv sind. Vierzig Prozent bekundeten Interesse daran, eine bestimmte Aufgabe zu übernehmen, wussten jedoch nicht, wie sie damit beginnen sollten.

Diese Gruppe ist für die Gemeinden eine Goldgrube. Bei jedem Alpha-Kurs sind etwa ein Drittel der Teilnehmer Kursleiter oder Helfer. Sie alle evangelisieren. Zehntausende von Menschen sind mittlerweile daran beteiligt. Steve Morgan, Dekan einer Kirche in Südwales, drückt dies folgendermaßen aus:

»Es ist der Herzenswunsch vergangener Generationen gewesen, Evangelisation in die Reichweite ganz gewöhnlicher Menschen zu verlegen, die schreckliche Angst davor haben, anderen das Evangelium weiterzusagen. So etwas hat es noch nie gegeben. Das hier wird Geschichte machen. Über Generationen hinweg konnten nur besonders aufgeschlossene Menschen Evangelisation betreiben. Doch nun kann zum ersten Mal auch die schüchterne alte Dame evangelisieren. Noch nie war diese Arbeit für Menschen aller Wesensarten so gut zugänglich. Jede Gemeinde kann diese Kurse jederzeit mit Menschen aller Schichten durchführen. Wir sind der Meinung, dass es das ist, wofür die Nation seit Generationen gebetet hat.«

Sie basiert auf Freundschaften

Alpha nimmt sich ein neutestamentliches Beispiel der Evangelisation zum Vorbild: Freundschaftsevangelisation. Petrus brachte seinen Bruder Andreas mit und Philippus seinen Freund Nathanael, die Frau am Brunnen ging zurück und erzählte allen in der Stadt von ihrem Erlebnis und Matthäus, der Steuereintreiber, veranstaltete ein Fest und lud alle seine Arbeitskollegen ein, Jesus kennen zu lernen.

Sinn und Ziel von Alpha ist, dass Menschen Christus kennen lernen und mit dem Heiligen Geist erfüllt werden. So können sie erkennen, was Gott durch Jesus Christus für sie getan und welche Auswirkungen es für sie hat – und dann sollen sie es ihren Freunden, Familienmitgliedern und Arbeitskollegen weitersagen, von denen die meisten weder Christen sind noch zur Kirche gehen. Dann werden auch viele von diesen Personen kommen und den Kurs machen. Einige von ihnen entscheiden sich für Christus und werden mit dem Heiligen Geist erfüllt. Auch sie empfinden diese Begeisterung für Jesus und erzählen es ihren Freunden, Familienmitgliedern und Arbeitskollegen weiter. Auf diese Weise gelingt es uns, unablässig neue Kreise von Menschen zu erreichen, die nicht zur Kirche gehen.

Je mehr Teilnehmer, desto mehr Anwender

Eine Großevangelisation mag vielleicht sehr erfolgreich verlaufen, ist jedoch zeitlich und räumlich begrenzt. Wenn jede Gemeinde in der Welt ein effektives, fortlaufendes Evangelisationsprogramm durchführen würde und jeden Monat Menschen zu Christus kämen und die wiederum ihre Freunde und deren Freunde mitbringen würden – wie schnell würde die ganze Welt für Christus erreicht werden können!

Michael Green, Evangelisationsberater des Erzbischofs von Canterbury und York, fasst in seinem Buch *Evangelism through the Local Church* die Notwendigkeit dieser Art der Evangelisation zusammen:

>*Wann immer der christliche Glaube besonders gesund war, wurde Evangelisation von den örtlichen Gemeinden durchgeführt und hat einen spürbaren Einfluss auf ihre Umgebung ausgeübt. Ich bin der Meinung, dass eine Re-christianisierung des Westens ohne eine Erneuerung der*

Gemeinde im Bereich der Evangelisation nicht möglich ist. Wir brauchen eine durchdachte, fundierte und sachdienliche Darstellung des christlichen Glaubens in Wort und Tat, die von einer herzlichen, lebendigen und betenden Gemeinde verkörpert ist, der die Menschen aller gesellschaftlichen Schichten am Herzen liegen. [...] Eine solche Evangelisation in und von der Ortsgemeinde wird nicht nur dringend gebraucht, sondern ist [...] auch in hohem Maß möglich. Ich bin der Überzeugung, dass uns eine natürliche, dauerhafte und effektive Methode der Evangelisation zur Verfügung steht. Wenn sich die einzelnen Gemeinden in liebevoller, nach außen gerichteter Evangelisation innerhalb ihrer Umgebung engagieren, würden viele unserer Evangelisationsbemühungen überflüssig werden.«[4]

2. Evangelisation ist ein Prozess

Der Schritt, Jesus Christus als Herrn und Erlöser in das eigene Leben aufzunehmen, mag eine spontane Entscheidung sein, sie gehört jedoch zu einem Prozess. Jesus verwandte für den Beginn eines geistlichen Lebens den Ausdruck »wiedergeboren« (vgl. Joh 3,3) und im Neuen Testament wird immer wieder davon gesprochen, dass ein Mensch dadurch ein Kind Gottes wird. Die Geburt eines Kindes ist ein Ereignis, dem jedoch ein sehr viel längerer Prozess vorausgeht und nachfolgt. In der Bibel werden viele Bilder für geistliches Wachstum verwendet: Einige sind dem Bereich der Landwirtschaft entnommen, andere dem des Bauens oder Reisens. Und immer ist es ein Prozess.

Alpha ist ein zehnwöchiger Kurs, zu dem insgesamt fünfzehn Gesprächsrunden, ein gemeinsames Wochenende und ein Fest als Abschluss gehören. Wir erwarten nicht, dass die Menschen bereits in der ersten Woche auf das Evangelium reagieren (obwohl das tatsächlich bei einigen der Fall ist). Wir sind uns darüber im Klaren, dass die Menschen Zeit zum Nachdenken, Beobachten und Zuhören brauchen. Sie müssen ihre Fragen und Schwierigkeiten offen darlegen können. Aber vor allem: Jeder Teilnehmer beginnt den Kurs auf einer unterschiedlichen Ausgangsbasis.

Einige sind bereits Christen, werden aber rückblickend sagen, dass sie zu Beginn des Kurses noch keine »richtigen« Erfahrungen mit Gott gemacht hatten. Andere haben, wenn sie den Alpha-Kurs beginnen, gerade eine »Wiedergeburt« erlebt. Wieder andere haben Christus bereits bei dem Fest am Ende des vorangegangenen Kurses oder bei dem Gästegottesdienst vor dem Beginn des Kurses als ihren Herrn und Erlöser in ihr Leben aufgenommen. Wieder andere sind vielleicht durch das Zeugnis ihrer Familie oder eines Freundes zum Glauben gekommen. Und viele sind noch ganz weit von Christus entfernt, wenn sie mit Alpha beginnen. Einige sind vielleicht überzeugte Atheisten, andere Anhänger von *New Age*, manche gehören anderen Religionen oder Sekten an. Viele führen ein Leben, das sich sehr stark von dem eines Christen unterscheidet. Alkoholiker sind darunter, Spieler, viele leben unverheiratet mit einem Partner zusammen und manche sind homosexuell. Wir heißen alle willkommen. Einige werden den ganzen Kurs absolvieren und am Ende trotzdem noch nicht zu Christus gefunden haben; wir hoffen, dass sie wenigstens nicht sagen können, sie hätten das Evangelium nicht gehört. Andere werden im Laufe des Kurses Jesus Christus in ihr Leben aufnehmen. Fast alle wird Alpha in ihrer Beziehung zu Gott einen Schritt weiterbringen.

Die fünfzehn Gesprächsrunden geben uns die Möglichkeit, uns mehr Zeit für die einzelnen Aspekte des christlichen Glaubens zu nehmen, als es in einem evangelistischen Gespräch möglich wäre. Bei einem Kurs im Jahre 1994 habe ich zum Beispiel einen Mann im hinteren Teil des Raumes stehen sehen, der sehr misstrauisch und skeptisch wirkte. Als ich mich vorstellte, sagte er: »Ich will eigentlich gar nicht hier sein. Jemand hat mich mitgenommen.« Ich erwiderte: »Großartig! Ich möchte Sie elf anderen Leuten vorstellen, die eigentlich auch nicht hier sein wollten.« Ich führte ihn zu einer kleinen Gruppe. Am Ende des Abends hörte ich ihn mit einem anderen aus der Gruppe plaudern.

»Kommen Sie nächste Woche wieder?«

Der andere erwiderte: »Ja, ich komme ganz bestimmt.«

Worauf der erste sagte: »Na, wenn Sie nächste Woche wiederkommen, dann komme ich auch.«

Sechs Wochen später meinte er zu mir: »Dieser Kurs ist wie ein Puzzle. Jedesmal, wenn ich herkomme, finde ich ein weiteres Teilchen. Und ich beginne langsam, das ganze Bild zu erkennen.«

Im Laufe eines Alpha-Kurses kann sich Vertrauen entwickeln. Der christlichen Gemeinde steht eine Menge Zynismus, Skeptizismus und Misstrauen gegenüber. Ich war mir dem Ausmaß dieser Ablehnung nicht bewusst, bis ich einmal mit jemandem sprach, der sagte, während der ersten drei Wochen des Kurses habe er nichts von dem angebotenen Essen genommen, für den Fall, dass Drogen darin enthalten seien. Dies war sicherlich ein sehr extremer Fall von Misstrauen, doch viele Menschen fragen sich, ob die Kirche auf ihr Geld, ihren Verstand oder etwas anderes aus ist. Es kann einige Wochen dauern, bis ein gewisses Maß an Vertrauen aufgebaut ist. Wenn die Gäste ihre Gruppenleiter ein wenig kennen gelernt haben, stellen sie fest, dass diese nichts von ihnen »wollen«, und fangen an zuzuhören.

3. Evangelisation spricht den ganzen Menschen an

Evangelisation wendet sich an den ganzen Menschen: Verstand, Herz und Willen. Jeder Vortrag sollte alle drei Bereiche ansprechen, wenn auch bei einigen Vorträgen sicherlich nur eines im Vordergrund stehen wird.

Wir sprechen den *Verstand* an, weil wir der Meinung sind, dass der christliche Glaube in der Geschichte seinen Ursprung gefunden hat: im tatsächlichen Leben, Tod und der Auferstehung Jesu Christi. Wir verkündigen »Jesus Christus, den Gekreuzigten« (1 Kor 2,2). Wir versuchen mit allen uns zur Verfügung stehenden Argumenten zu überzeugen, wie auch Paulus dies bei so vielen Gelegenheiten getan hat (z. B. Apg 18,4). Dabei bemühen wir uns, nur das zu lehren, was wir der Bibel entnehmen können, und wir weisen die Menschen immer wieder auf den Bibeltext hin. Wir erwarten nicht, dass sich jemand blind in den Glauben stürzt. Vielmehr hoffen wir, dass er einen Glaubensschritt macht, der auf einer gut fundierten Basis steht.

Zweitens sprechen wir das *Herz* an. Unsere Botschaft benötigt nicht nur die Zustimmung des Intellekts zu einer Reihe von Vorschlägen, vielmehr ruft sie die Menschen zu einer Liebesbeziehung zu Jesus Christus auf. John Stott schrieb darüber:

»In der geistlichen Erfahrung ist Raum für Emotionen. Der Dienst des Heiligen Geistes […] ist nicht darauf beschränkt, unseren Verstand zu erleuchten oder uns etwas über Christus zu lehren. Er gießt auch die Liebe Gottes in unser Herz. Gleicher-

maßen hilft er unserem Geist zu verstehen, dass wir Gottes Kinder sind, denn er bringt uns dazu, zu sagen: ›Abba Vater‹ und mit Dankbarkeit auszurufen: ›Wie groß ist die Liebe, die der Vater über uns ausgegossen hat, dass wir Kinder Gottes sind!‹ [...] Ich glaube, es war Bischof Handley Moule, der am Ende des vergangenen Jahrhunderts den folgenden guten Ratschlag gegeben hat: ›Nehmt euch auch vor einer Theologie ohne Hingabe in Acht [z. B. Verstand ohne Herz] *und vor einer untheologischen Hingabe* [z. B. Herz ohne Verstand].‹«[5]

Graham Cray, der Rektor der theologischen Hochschule *Ridley Hall* in Cambridge, ist der Meinung, die Kultur der 90er Jahre sei im Übergang von einer aufgeklärten Kultur zu einer neuen, unmittelbar bevorstehenden Kultur begriffen. In der Aufklärung regierte der Verstand und die Erklärung führte zur Erfahrung. In der gegenwärtigen Übergangskultur, in der die *New Age*-Bewegung ein einflussreicher Faktor ist, führen Erfahrungen zur Erklärung.

Bei den Alpha-Kursen habe ich festgestellt, dass die aufgeklärten Menschen eher mit den Elementen des Kurses klarkommen, die den Verstand ansprechen, häufig aber Schwierigkeiten haben, den Heiligen Geist zu erleben. Personen aus der *New Age*-Bewegung dagegen stellen fest, dass rationale und historische Erklärungen sie kalt lassen, dass sie bei dem gemeinsamen Wochenende dagegen bekanntes Territorium betreten, wenn es darum geht, vom Heiligen Geist erfüllt zu werden. Ihr ganzes Leben lang haben sie Erfahrungen gesucht, die sie nicht befriedigen konnten, und erst, wenn sie die Beziehung zu Gott erfahren haben, die uns Jesus Christus ermöglicht hat, wird ihr Hunger gestillt.

Das Evangelium umfasst sowohl die rationale als auch die erfahrbare Ebene. Es übt auf aufgeklärte Menschen, die Gott erfahren müssen, wie auch auf die Menschen, die Erfahrungen gesucht haben, aber die Wahrheit über Gott verstehen müssen, gleichermaßen Einfluss aus.

Drittens bemühen wir uns darum, den *Willen* anzusprechen. Natürlich ist uns klar, dass niemand zum Vater kommen kann, wenn Gott ihn nicht ruft. Jesus hat gesagt: »[...] niemand kennt den Sohn, nur der Vater, und niemand kennt den Vater, nur der Sohn und der, dem es der Sohn offenbaren will« (Mt 11,27). Und dann fährt Jesus fort: »Kommt alle zu mir, die ihr euch plagt und schwere Lasten zu tragen habt. Ich werde euch Ruhe verschaffen« (Mt 11,28).

Es besteht ein Unterschied zwischen dem Ansprechen des Willens und einer falschen Form von Druck. Bei den Alpha-Kursen bemühen wir uns, jede Form von Druck zu vermeiden. Die Teilnehmer werden nicht andauernd aufgefordert, doch endlich eine Entscheidung zu treffen. Auch laufen wir ihnen nicht hinterher, wenn sie nicht wiederkommen: Es ist ihre Entscheidung. Über einen Zeitraum von zehn Wochen hinweg geben wir den Menschen Gelegenheit, ihre Entscheidung zu fällen, während wir beten und dem Heiligen Geist Raum für sein Handeln geben. Wenn man es genau nimmt, appellieren wir unablässig an ihren Willen.

4. Zu den Vorbildern von Evangelisation im Neuen Testament gehören die klassische, ganzheitliche und vollmächtige Evangelisation

Graham Tomlin, Dozent am *Wycliffe Hall Theological College* in Oxford, lenkt die Aufmerksamkeit auf drei unterschiedliche Modelle der Evangelisation.[6] Natürlich schließen sich diese drei Modelle nicht gegenseitig aus und wir hoffen sehr, dass alle drei Modelle im Alpha-Kurs enthalten sind.

Klassische Evangelisation – Worte

Als erstes gibt es die *klassische Evangelisation*, zu der »die Verkündigung der unveränderlichen Botschaft« gehört. Sicherlich liegt dem Alpha-Kurs die Verkündigung des Evangeliums von Jesus Christus zu Grunde: Im zweiten Vortrag geht es darum, dass Vater und Sohn eins sind, im dritten um seinen Tod am Kreuz für uns und in jedem weiteren um wesentliche Prinzipien des christlichen Glaubens und Lebens.

Keinesfalls nehmen wir uns die Freiheit, mit der apostolischen Botschaft »herumzuspielen«. Jede Botschaft wird uns jedoch in einer kulturellen »Verpackung« übermittelt. Jede Generation hat die Pflicht, dafür zu sorgen, dass die »Verpackung« kein Stolperstein ist. Sie muss die unveränderliche Botschaft zwar erhalten, die »Verpackung« jedoch verändern, um sie im Kontext der eigenen Kultur verständlich zu machen. Martin Luther übersetzte die Bibel in die deutsche Volkssprache und die Kirche der Reformation hat Melodien zeitgenössischer Volkmusik mit neuen Texten in ihren Kanon übernommen. Die methodistische Kirche unter der Führung der Wesley-Brüder bemühte sich darum, besonders volksnah zu sein und in einer Sprache zu sprechen, die das Volk verstehen konnte. Und General William Booth, der Begründer der Heilsarmee, sagte: »Warum sollte der Teufel alle guten Melodien haben?«

Ganzheitliche Evangelisation – Engagement

Zweitens gibt es die *ganzheitliche Evangelisation*. John Stott schreibt dazu: »Wir sind davon überzeugt, dass Gott uns in seiner Welt sowohl soziale als auch evangelistische Verantwortung übertragen hat.«[7]

Evangelisation und soziales Engagement gehen Hand in Hand. Zu Letzterem gehört sowohl das Streben nach sozialer Gerechtigkeit durch Beseitigung von Ungerechtigkeit, Unmenschlichkeit und Ungleichheit als auch Hilfestellung in sozialen Notlagen wie Hunger, Obdachlosigkeit und Armut. Im Alpha-Kurs versuchen wir, die Gefahren überzogener Frömmigkeit durch unsere Lehre und unser Beispiel zu umschiffen, weil wir der Meinung sind, dass Evangelisation ganz eng mit sozialer Verantwortung zusammenhängt.

Bischof Lesslie Newbigin drückt dies folgendermaßen aus:

> *»Das Leben der anbetenden Gemeinde läuft, wenn es sich nicht im mitleidsvollen Dienst an der säkularen Gemeinschaft um sie herum ausdrückt, Gefahr, sich nur um sich selbst zu drehen und sich nur um die Bedürfnisse und Wünsche seiner Mitglieder zu kümmern.«*[8]

Vollmächtige Evangelisation – Wunder

Drittens gibt es die *vollmächtige Evangelisation*, bei der die Verkündigung des Evangeliums Hand in Hand mit einer Demonstration der Macht des Heiligen Geistes geht (vgl. 1 Kor 2,1-5). Wir beziehen dieses dritte Element in unsere Kurse ein, weil wir der Meinung sind, dass es auch seinen festen Platz in der neutestamentlichen Praxis hat.

Früher wurde argumentiert, man könne aus einer Erzählung keine Doktrin ableiten, doch die Wissenschaft hat heutzutage zur Zufriedenheit der Theologen aller möglichen Fachrichtungen festgestellt, dass die Verfasser der Evangelien nicht nur Historiker waren, sondern auch Theologen. In einer anderen literarischen Form schrieben sie genauso Theologie wie Paulus oder die übrigen Schreiber der neutestamentlichen Briefe. Das zentrale Thema der Lehren Jesu ist in den

Evangelien das Reich Gottes.[8] Die Botschaft vom Kommen dieses Reiches umfasste nicht nur eine gesprochene Verkündigung des Evangeliums, sondern auch eine sichtbare Demonstration seiner Existenz durch Zeichen und Wunder. Jeder der Evangelienschreiber rechnete damit, dass auch weiterhin Zeichen und Wunder geschehen würden.

Dies erkennen wir am Aufbau des Matthäus-Evangeliums. Dort heißt es: »Er [Jesus] zog in ganz Galiläa umher, lehrte in den Synagogen, verkündete das Evangelium vom Reich und heilte im Volk alle Krankheiten und Leiden« (Mt 4,23). In den darauf folgenden Kapiteln 5 bis 7 (der Bergpredigt) gibt er einige der Lehren Jesu wider, berichtet von neun Wundern (vorwiegend Heilungswundern) und schließt mit einer fast wortwörtlichen Wiederholung dessen, was bereits in Kapitel 4, Vers 23 stand: »Jesus zog durch alle Städte und Dörfer, lehrte in ihren Synagogen, verkündete das Evangelium vom Reich und heilte alle Krankheiten und Leiden« (Mt 9,35). Matthäus wendet das literarische Stilmittel der Wiederholung an, die sogenannte »Inklusion«. Ein kurzer Text erscheint sowohl zu Beginn als auch zum Schluss eines bestimmten Abschnitts und hebt diesen dadurch besonders hervor. Nachdem Matthäus uns gezeigt hat, was Jesus selbst getan hat, berichtet er weiter, dass Jesus nun die zwölf Jünger aussandte, damit diese seinem Beispiel folgten. Er trug ihnen auf, auszuziehen und dieselbe Botschaft zu verbreiten: »Geht und verkündet: Das Himmelreich ist nahe. Heilt Kranke, weckt Tote auf und macht Aussätzige rein, treibt Dämonen aus!« (Mt 10,7-8).

Am Ende seines Berichtes macht Matthäus deutlich, was Jesus von seinen Jüngern erwartet: Sie sollen sich auf den Weg machen und alle Menschen zum Glauben an ihn führen: »[...] und lehrt sie, *alles* zu befolgen, was ich euch geboten habe« (Mt 28,19-20; Hervorheb. d. Autors). Dazu gehörten sicher nicht nur seine ethischen Lehren, sondern auch seine vorherigen Aufträge.

Im Markus-Evangelium finden wir ein ähnliches Muster. Markus berichtet, dass Jesus die Gute Nachricht verkündigte (Mk 1,14 ff.), die durch Zeichen und Wunder veranschaulicht wurde (Mk 1,21 ff.). Das Reich Gottes wurde von Jesus eingesetzt und wächst bis auf den heutigen Tag. Es gibt keinen Grund, warum sein fundamentales Wesen sich geändert haben sollte. Auch im ausführlichen Schlussteil des Markus-Evangeliums (der zumindest ein guter Hinweis darauf ist, was die frühe Gemeinde für den Auftrag Jesu hielt) wird der Sendungsauftrag, den Jesus seinen Jüngern gibt, hervorgehoben: »Geht hinaus in die ganze Welt, und verkündet das Evangelium allen Geschöpfen! [...] Und durch die, *die zum Glauben gekommen sind*, werden folgende Zeichen geschehen: In meinem Namen werden sie Dämonen austreiben; [...] und die Kranken, denen sie die Hände auflegen, werden gesund werden. [...] Sie aber [die Jünger] zogen aus und predigten überall. Der Herr stand ihnen bei und bekräftigte die Verkündigung durch die Zeichen, die er geschehen ließ« (Mk 16,15-20; Hervorheb. d. Autors). Jesus sagt also: »Und durch die, *die zum Glauben gekommen sind*, werden folgende Zeichen geschehen« – dies bezieht sich auf alle, die an Jesus Christus glauben, also alle Christen zu allen Zeiten!

Um die Theologie des Lukas zu verstehen, müssen wir sowohl das Lukas-Evangelium als auch die Apostelgeschichte betrachten. Lukas berichtet uns in seinem Evangelium: »Dann rief er die Zwölf zu sich und gab ihnen die Kraft und die Vollmacht, alle Dämonen auszutreiben und die Kranken gesund zu machen. Und er sandte sie aus mit dem Auftrag, das Reich Gottes zu verkünden und zu heilen« (Lk 9,1-2). Diesen Auftrag gab er nicht nur den zwölf Jüngern, sondern später auch zweiundsiebzig anderen und trug diesen auf: »Heilt die Kranken, die dort sind, und sagt den Leuten: Das Reich Gottes ist euch nahe« (Lk 10,9).

In der Apostelgeschichte wird berichtet, dass sich die Wunder auch über die Zeit hinaus fortsetzen, in der Jesus auf der Erde ist. Nach der Ausgießung des Heiligen Geistes lässt sich eine bemerkenswerte Fortdauer der übernatürlichen Machtentfaltung feststellen, vom »Sprachengebet«[9] bis hin zur Auferweckung von Toten. Diese Machtdemonstrationen ziehen sich durch die gesamte Apostelgeschichte (vgl. Apg 28,7-9). In diesem Buch der Bibel erleben wir, wie der Auftrag Jesu (siehe oben) ausgeführt wird: Die Jünger predigen und lehren, aber sie heilen auch Kranke, wecken Tote auf und treiben Dämonen aus (vgl. Apg 3,1-10; 4,12; 5,12-16; 8,5-13; 9,32-43; 14,3.8-10; 19,11-12; 20,9-12; 28,8-9).

Dieser Dienst, der durch die Kraft, die der Heilige Geist verliehen hat, möglich wird, ist nicht nur auf die synoptischen Evangelien[10] beschränkt. Auch im Johannes-Evangelium wird berichtet, was Jesus über Wunder gesagt hat: »Wer an mich glaubt, wird die Werke, die ich vollbringe, auch vollbringen, und er wird noch größere vollbringen, denn ich gehe zum Vater« (Joh 14,12). Zweifellos hat niemand größere Wunder vollbracht als Jesus, aber seit er zu seinem Vater zurückgekehrt ist, hat es eine größere Anzahl von Wundern gegeben. Er hat nicht aufgehört, Wunder zu tun, doch nun gebraucht er schwache und unvollkommene Menschen als Werkzeuge. Wie in den anderen Evangelien heißt es auch bei Johannes: »Wer an mich glaubt ...« Das heißt *alle Christen*. Diese Aufträge und Verheißungen sind also nicht auf eine bestimmte Kategorie von Menschen, das heißt, die Apostel oder nur die Gemeindeleiter, beschränkt.

Zeichen und Wunder waren auch ein zentraler Teil der Verkündigung des Evangeliums durch den Apostel Paulus (vgl. Röm 15,19). Bei näherer Betrachtung des ersten Korintherbriefes, Kapitel 12 bis 14 erkennen wir, dass Paulus durchaus nicht der Meinung war, diese Fähigkeiten seien ausschließlich den Aposteln gegeben. Er rechnete damit, noch offensichtlichere übernatürliche Gaben des Heiligen Geistes auch in einer effektiven und gesunden Gemeinde zu finden. Er spricht von den »Gaben des Heilens«, »Wunderkräften«, »prophetischem Reden«, »verschiedenen Arten von Zungenrede« und »der Gabe, Zungenrede zu deuten«. Alle diese Gaben sind laut Paulus den verschiedenen Gliedern des Leibes Christi (das heißt der Gemeinde) gegeben und ein Werk des Heiligen Geistes (vgl. 1 Kor 12,7-11).

An keiner Stelle im Neuen Testament wird gesagt, dass diese Gaben mit dem Ende des apostolischen Zeitalters verschwinden werden. Im Gegenteil: Paulus ist der Meinung, sie würden erst aufhören, wenn »das Vollendete kommt« (1 Kor 13,10). Einige haben das »Vollendete« mit der Entstehung der kanonischen Schrift – der Bibel – gleichgesetzt. Sie vertreten die Überzeugung, dass wir, da wir nun die Bibel haben, die »unvollkommenen« geistlichen Gaben nicht mehr brauchen. Der Kontext dieses Verses macht jedoch deutlich, dass Paulus mit dem »Vollendeten« die Wiederkehr Christi meint. Die Welt ist noch nicht vollkommen, auch sehen wir Jesus noch nicht von »Angesicht zu Angesicht« oder »erkennen durch und durch«, sondern wir erkennen »unvollkommen« (Vers 12). Diese »Vollkommenheit« wird erst erreicht sein, wenn Jesus wiederkehrt. Dann werden diese Gaben nicht mehr nötig sein. Bis zu diesem Augenblick jedoch sind sie ein wichtiger Teil der Waffenrüstung der Gemeinde. In diesem Bibelabschnitt wird ganz deutlich, dass Paulus nicht damit rechnete, diese Gaben würden vor der Wiederkunft Christi weggenommen werden.

In ähnlicher Weise erklärt der Schreiber des Hebräerbriefes, Gott habe seine Botschaft durch »Zeichen und Wunder, durch machtvolle Taten aller Art und Gaben des Heiligen Geistes, nach seinem Willen« bezeugt (Hebr 2,4). An keiner

Stelle in der Bibel ist die übernatürliche Entfaltung der Macht des Heiligen Geistes auf eine bestimmte Zeitperiode beschränkt. Im Gegenteil: Solche Zeichen und Wunder gehören zum Reich Gottes, das durch Jesus Christus selbst eingesetzt wurde und sich bis auf den heutigen Tag erstreckt. Darum sollten wir auch heute mit der übernatürlichen Entfaltung der Macht des Heiligen Geistes als Teil des Reiches Gottes und als Beglaubigung der Guten Nachricht rechnen. Wir lenken unsere Aufmerksamkeit jedoch nicht auf die Zeichen und Wunder, sondern auf den Gott der Liebe, der sie tut.

5. Evangelisation in der Kraft des Heiligen Geistes ist dynamisch und effektiv

Am Pfingsttag war es genau diese Kraft, mit der Petrus die Botschaft verkündigte, und die Menschen traf es »mitten ins Herz«. 3 000 Menschen kehrten um und nahmen Jesus Christus als ihren Herrn und Erlöser in ihr Leben auf (vgl. Apg 2,37-41). Der Bericht dieser bemerkenswerten Ereignisse wird folgendermaßen fortgesetzt: »Alle wurden von Furcht ergriffen; denn durch die Apostel geschahen viele Wunder und Zeichen [...] Und der Herr fügte täglich ihrer Gemeinschaft die hinzu, die gerettet werden sollten« (Apg 2,43-47).

Bemerkenswerte Heilungen folgten (z. B. Apg 3,1-10). Die Menschen waren erstaunt und eilten herbei, um zu erfahren, was passiert war (Apg 3,11). Petrus und Johannes verkündigten die Gute Nachricht offen und ehrlich: »Als sie den Freimut des Petrus und des Johannes sahen und merkten, dass es ungelehrte und einfache Leute waren, wunderten sie sich. Sie erkannten sie als Jünger Jesu, sahen aber auch, dass der Geheilte bei ihnen stand; so konnten sie nichts dagegen sagen« (Apg 4,13-14). Die Behörden hatten keine Ahnung, was sie tun sollten, weil »alle Gott wegen des Geschehenen priesen. Denn der Mann, an dem das Wunder der Heilung geschah, war über vierzig Jahre alt« (Apg 4,21-22).

Die dynamischen Auswirkungen auf die Menge setzten sich auch in der Folgezeit fort:

> »Durch die Hände der Apostel geschahen viele Zeichen und Wunder im Volk. Alle kamen einmütig in der Halle Salomos zusammen. Von den übrigen wagte niemand, sich ihnen anzuschließen; aber das Volk schätzte sie hoch. Immer mehr wurden im Glauben zum Herrn geführt, Scharen von Männern und Frauen. Selbst die Kranken trug man auf die Straßen hinaus und legte sie auf Betten und Bahren, damit, wenn Petrus vorüberkam, wenigstens sein Schatten auf einen von ihnen fiel. Auch aus den Nachbarstädten Jerusalems strömten die Leute zusammen und brachten Kranke und von unreinen Geistern Geplagte mit. Und alle wurden geheilt« (Apg 5,12-16).

Immer mehr Menschen kamen zum Glauben an Jesus: »Und das Wort Gottes breitete sich aus, und die Zahl der Jünger in Jerusalem wurde immer größer, auch eine große Anzahl von den Priestern nahm gehorsam den Glauben an« (Apg 6,7). Wenn wir in der Apostelgeschichte weiterlesen, finden wir immer wieder dasselbe Schema. Als Paulus und Barnabas nach Ikonion gingen, redeten sie »in dieser Weise, und eine große Zahl von Juden und Griechen wurden gläubig« (Apg 14,1). Sie verbrachten einen großen Teil ihrer Zeit damit, »freimütig im Vertrauen auf den Herrn« zu predigen; »er legte Zeugnis ab, indem er durch die Hände der Apostel Zeichen und Wunder geschehen ließ« (Apg 14,3). In Lystra wurde ein verkrüppelter Mann geheilt (Apg 14,8). In Derbe verkündigten sie das Evangelium und gewannen viele Jünger (Apg 14,21).

Später berichtet uns Lukas, was mit den zwölf Männern in Ephesus geschah: »Paulus legte ihnen die Hände auf, und der Heilige Geist kam auf sie herab; sie redeten in Zungen und weissagten« (Apg 19,6). Und in der Folgezeit: »Auch ungewöhnliche Wunder tat Gott durch die Hand des Paulus. Sogar seine Schweiß- und Taschentücher nahm man ihm vom Körper weg und legte sie den Kranken auf; da wichen die Krankheiten, und die bösen Geister fuhren aus« (Apg 19,11-12).

Keinesfalls nimmt diese geistliche Kraft in der Zeit, von der die Apostelgeschichte berichtet, ab, im Gegenteil, sie setzt sich unverändert fort. Noch im letzten Kapitel lesen wir, wie Paulus für den Vater des Publius betet: »Der Vater des Publius lag gerade mit Fieber und Ruhr im Bett. Paulus ging zu ihm hinein und betete; dann legte er ihm die Hände auf und heilte ihn. Daraufhin kamen auch die anderen Kranken der Insel herbei und wurden geheilt« (Apg 28,8-9). Immer wieder lesen wir von den dynamischen Auswirkungen des Kommens des Reiches Gottes, das von Umkehr, wundersamen Zeichen, Heilungen, Visionen, Zungenreden, Prophezeiungen, Totenauferweckungen und Dämonenaustreibungen begleitet wird. Derselbe Gott handelt auch heute noch. Evangelisation kann auch heute noch dynamisch und effektiv sein!

6. Effektive Evangelisation setzt voraus, dass man immer wieder neu mit dem Heiligen Geist erfüllt wird

Jesus sagte zu seinen Jüngern: »Aber ihr werdet die Kraft des Heiligen Geistes empfangen, der auf euch herabkommen wird; und ihr werdet meine Zeugen sein in Jerusalem und in ganz Judäa und Samarien und bis an die Grenzen der Erde« (Apg 1,8). An Pfingsten wurde diese Verheißung Jesu erfüllt: »Alle wurden mit dem Heiligen Geist erfüllt und begannen, in fremden Sprachen zu reden, wie es der Geist ihnen eingab« (Apg 2,4).

Das war jedoch kein einmaliges Erlebnis. Später lesen wir, dass Petrus (vgl. Apg 4,8) und die anderen Jünger (vgl. Apg 4,31) noch einmal mit dem Heiligen Geist erfüllt wurden. Dieser Vorgang ist also keine einmalige Erfahrung. Paulus drängt die Christen von Ephesus: »[...] laßt euch vom Geist erfüllen!« (Eph 5,18), wobei deutlich wird, dass die Betonung darauf liegt, sich immer wieder *neu* erfüllen zu lassen. Zu diesem Thema gibt es ein Kapitel in dem Buch *Systematic Theology* von Professor Wayne Grudem, das die hilfreichste Quelle zu diesem Aspekt ist, die ich kenne.[11]

Wenn wir uns mit den großen Evangelisten der neueren Geschichte beschäftigen, erfahren wir, dass viele von solchen Erfahrungen berichten. John Wesley (1703-1791), der Begründer des Methodismus, schrieb von einem Erlebnis am Neujahrstag 1739:

>*»Gegen drei Uhr morgens kam die Kraft Gottes machtvoll auf uns, während wir im Gebet verharrten. Viele stießen Freudenrufe aus. Andere wurden zu Boden geworfen. Sobald wir uns von dieser Ehrfurcht und diesem Erstaunen über die Gegenwart Gottes ein wenig erholt hatten, begannen wir, Gott zu preisen.«*

Das Ergebnis war, dass der Heilige Geist begann, »sich mit erstaunlicher Macht unter uns zu bewegen, wenn wir uns in seinem Namen versammelten«. Wenn jemand während der Verkündigung unter der Kraft des Heiligen Geistes zu Boden fiel, wurde für ihn gebetet, bis er mit der Freude und dem Frieden des Heiligen Geistes erfüllt wurde. Manche machten in einem solchen Augenblick tiefe und bewegende Erfahrungen mit dem Heiligen Geist. Wesleys Tagebuch ist voll von solchen Berichten. Ein Quäker, der Einwände gegen solche Vorgänge erhob, »fiel wie vom Blitz getroffen zu Boden«, und als er sich wieder erhob, rief er laut: »Jetzt weiß ich, dass du ein Prophet des Herrn bist.«

Wesley schloss: »Ähnliche Erlebnisse nahmen zu, während ich predigte. Es schien vernünftig, über das zu predigen und zu schreiben, was der Heilige Geist tat.«[12] Regelmäßig predigte er im *Newgate*-Gefängnis, wo sich der Gefängnis-wärter Abe Dagge 1737 zur Zeit von Whitefield für Jesus Christus entschied.

> *»Eines Donnerstags predigte Wesley über die Bibelstelle: ›Und wer da glaubt, hat das ewige Leben‹. Nach seiner Predigt betete er: ›Wenn dies stimmt, dann zögere nicht, es durch Zeichen zu bestätigen.‹ Sofort ›fiel die Macht Gottes auf uns. Einer, ein weiterer und noch einer sanken zu Boden, […] überall gingen sie wie vom Blitz getroffen zu Boden.‹ Eine von ihnen, Ann Davies, schrie. Er ging zu ihr und betete und sie begann, Gott freudig zu loben.«[13]*

Fünfunddreißig Jahre lang war George Whitefield (1714-1770) der herausragende Wanderprediger in Großbritannien und Amerika. Er veränderte die Art und Weise des Predigens und öffnete den Weg für riesige Evangelisationen. In seinem Ta-gebuch schrieb er: »Wurde mit dem Heiligen Geist erfüllt. Oh, dass alle, die die Verheißung des Vaters leugnen, selbst diese Erfahrung machten! Oh, dass alle an meiner Freude teil-hätten!«[14]

Charles Grandison Finney (1792-1875) gehörte zu den größten Evangelisten der Geschichte und wird von vielen als der Vorläufer der modernen Evangelisation betrachtet. Finney wurde noch am Tag seiner Umkehr mit dem Heiligen Geist erfüllt.

»*Der Heilige Geist erfüllte mich in einer Art und Weise, die mir durch und durch zu gehen schien, durch Körper und Seele. Ich konnte ihn spüren wie eine elektrisierende Welle. Tatsächlich schien er in immer neuen Wellen fließender Liebe zu kommen; ich kann es nicht anders ausdrücken. Und doch schien es nicht wie Wasser, sondern wie der Atem Gottes zu sein. Ich erinnere mich genau, dass er mir Luft zufächerte, wie riesige Flügel, und mir schien, dass diese Wellen, während sie über mich hinweggingen, wie ein flüchtiger Windhauch buchstäblich mein Haar berührten. Mit Worten kann ich die wundervolle Liebe nicht beschreiben, die in mein Herz ausgegossen wurde. Ich weinte laut vor Freude und Liebe. Ich stieß buchstäblich die unaussprechlichen Schwärmereien meines Herzens aus. Solche Wellen überkamen mich immer wieder, eine nach der anderen, bis ich mich wieder fasste und schrie: ›Ich werde sterben, wenn diese Wellen nicht aufhören.‹ Ich sagte: ›Herr, ich kann es nicht mehr ertragen‹, doch hatte ich keine Angst vor dem Tod.*«[15]

Der vielleicht größte Evangelist des 19. Jahrhunderts war Dwight L. Moody (1837-1899). Zu Beginn seines Dienstes leitete er erfolgreich eine Sonntagsschulmission in Chicago. Zwei ältere Damen in seiner Gemeinde sagten ihm nach einem Gottesdienst, sie würden für ihn beten, weil ihm die Kraft des Heiligen Geistes fehle. Obwohl er über ihre Unterstellung zunächst verärgert war, wurde ihm, je länger er darüber nachdachte, klar, dass sie Recht hatten. Später schrieb er:

»*Ein großer Hunger überfiel meine Seele. Ich wusste nicht, was es war. Ich begann zu rufen, wie ich es noch nie getan hatte. Ich hatte das Gefühl, nicht mehr weiterleben zu wollen, wenn ich diese Vollmacht für den Dienst nicht bekäme […]; ich flehte immerzu, Gott möge mich mit seinem Heiligen Geist erfüllen.*«

Etwa sechs Monate später erfüllte ihn der Heilige Geist, als er gerade durch die *Wall Street* in New York ging. Später schrieb er über dieses Erlebnis:

> »*Oh! Was für ein Tag, ich kann ihn nicht beschreiben! Nur selten spreche ich davon, diese Erfahrung ist mir fast zu heilig, als dass ich davon sprechen könnte.* [...] *Ich kann nur sagen, Gott hat sich mir offenbart und ich habe seine Liebe so greifbar erfahren, dass ich ihn bitten musste, sich zurückzuhalten.*«

John Pollock, sein Biograf, fügt hinzu, dass Moody niemals wieder »geistlichen Durst« gelitten habe. »Die toten, trockenen Tage waren vorbei. ›Ich hatte unablässig Wasser geschöpft und getragen. Aber jetzt habe ich einen Fluss, der mich trägt.‹«[16]

Moodys Nachfolger in seinem Bibelinstitut war zu Beginn des 20. Jahrhunderts der große amerikanische Evangelist R. A. Torrey (1856-1928). In seinem Buch *The Baptism with the Holy Spirit* schrieb er:

> »*Es war ein großer Wendepunkt in meinem Dienst, als ich, nachdem ich viel nachgedacht, studiert und meditiert hat-te, zu der Überzeugung kam, dass die Taufe mit dem Heili-gen Geist heute noch erfahrbar war und dass auch ich sie benötigte. Darum bemühte ich mich, sie zu erhalten. Ich persönlich wurde so gesegnet, dass ich begann, Bibelar-beiten über dieses Thema zu halten, was ich im Laufe der Jahre mit steigender Häufigkeit getan habe.* [...] *Es war das unaussprechliche Privileg des Autors, mit vielen Pre-digern und anderen christlichen Helfern um diesen großen Segen zu beten und später von ihnen oder von anderen von der neuen Vollmacht zu erfahren, mit der sie ihren Dienst ausübten, welches keine andere als die Kraft des Heiligen Geistes war.*«[17]

In seinem Buch *Why God Used D. L. Moody* schrieb Will H. Houghton:

> *»Einige unserer Leser erheben vielleicht Einwände dagegen, wie Dr. Torrey den Ausdruck ›die Taufe mit dem Heiligen Geist‹ verwendet. Wenn Dr. Torrey in unserer Zeit gelebt und ein wenig von dem Buschbrand gesehen hätte, der auf Grund der Verwendung dieses Begriffes ausgebrochen ist, hätte er vielleicht einen anderen Ausdruck gewählt. Aber niemand sollte in Bezug auf eine Erfahrung, die so wichtig ist wie die Erfüllung mit dem Heiligen Geist, spitzfindig sein. In diesem kleinen Buch zitiert Dr. Torrey Mr. Moody. In einem Gespräch über dieses Thema soll dieser gesagt haben: ›Ach, warum diese Haarspalterei? Warum erkennen sie nicht, dass dies genau das ist, was sie brauchen? Sie sind gute Lehrer, sie sind hervorragende Lehrer und ich bin so froh, sie hier zu haben, aber warum erkennen sie nicht an, dass die Taufe mit dem Heiligen Geist genau die Berührung ist, die sie brauchen?‹«*

Ich denke, niemand wird leugnen, dass einer der größten Evangelisten unseres Jahrhunderts Billy Graham ist (geb. 1918). In seiner autorisierten Biografie berichtet John Pollock, wie Billy Graham *Hildenborough Hall* besucht und Stephen Olford zum Thema »Berauscht euch nicht – sondern lasst euch erfüllen mit dem Geist« predigen hörte. Billy Graham bat darum, Olford privat sprechen zu dürfen, und dieser erläuterte ihm, welche Auswirkungen das Erfülltsein mit dem Heiligen Geist im Leben eines Gläubigen hat. Olford erinnert sich: »Am Ende des zweiten Tages beteten sie ›wie Jakob mit Gott rang‹ und riefen: ›Herr, ich lasse dich nicht, außer du segnest mich‹, bis sie dazu kamen zu ruhen und zu loben.« Graham erklärte: »Dieses Erlebnis ist ein Wendepunkt in meinem Leben. Dies wird meinen Dienst revolutionieren.«[18]

Eine ganz wichtige Voraussetzung bei den Alpha-Kursen ist, eine Gruppe von Leuten zu haben, die mit dem Heiligen Geist erfüllt sind und alle ihre Gaben einsetzen, um andere zu Christus zu führen. Die Teilnehmer, die während des Kurses zum Glauben an Jesus Christus kommen, wissen, dass sich eine radikale Umkehr in ihrem Leben vollzogen hat, weil sie mit dem Heiligen Geist erfüllt worden sind. Diese Erfahrung Gottes gibt ihnen den Ansporn und die Kraft, ihre Freunde zum nächsten Alpha-Kurs einzuladen.

Im Folgenden möchte ich darauf eingehen, wie dieser Einblick in das, was Gott tun möchte, in die Tat umgesetzt werden kann, und von einigen Menschen berichten, deren Leben durch die Teilnahme an einem Alpha-Kurs verändert worden ist.

Kapitel 2

Die Geschichte von Nigel Skelsey

Nigel Skelsey stieg schnell zum Bildredakteur einer britischen Zeitung auf, doch er hatte das Gefühl, »dabei seine Seele verloren zu haben«. Er nahm an einem Alpha-Kurs in der Holy Trinity Brompton Church *teil und beschrieb später in einem Brief, was dieser Kurs in seinem Leben bewirkt hat. Mit seiner Erlaubnis drucken wir diesen Brief hier ab.*

Lieber Nicky,

eigentlich wollte ich diesen Brief mit der Bemerkung beginnen: »Nur eine kurze Notiz, um dir zu sagen, was das Alpha-Wochenende mir bedeutet hat«, aber ich fürchte, es wird doch eine längere Notiz. Bitte habe Geduld mit mir; ich habe einfach das Gefühl, dass ich das alles zu Papier bringen muss.

1979 starb mein Vater an Magenkrebs und damals fing ich an, meinen christlichen Glauben zu vernachlässigen. In den vergangenen fünfzehn Jahren habe ich nicht gewusst, warum. Es ging nicht, wie man vielleicht annehmen könnte, um die Frage des Elends auf dieser Welt und warum ein liebender Gott dies zulässt. Das war kein Problem für mich. Später fand ich heraus, dass der Grund dafür sehr viel tiefer saß und nicht nur ein moralischer Zwiespalt war.

Fast mein ganzes Leben lang hatte ich den Eindruck, sowohl für Gott als auch für meine Eltern eine große Enttäuschung zu sein. Als ich die Schule verließ, habe ich drei Jahre an einer theologischen Hochschule studiert, um Prediger zu werden. Ich hatte den aufrichtigen Wunsch, Evangelist zu werden, doch ich schaffte den Abschluss nicht. Nun empfand ich die doppelte Last, dass mich nicht nur meine Eltern für einen Versager hielten, sondern auch Gott.

Ich beschloss also, mich im Bereich der Fotografie zu betätigen, weil die Fotografie ein Hobby meines Vaters war. Dadurch hoffte ich, den Beifall meiner Eltern zu erlangen. So trat ich als Laufbursche in ein Verlagshaus ein, das gerade eine neue Fotozeitschrift herausgebracht hatte. Ich arbeitete gerade sechs Monate dort, als mein Vater krank wurde und bald darauf starb. Nur zwei Wochen nach seinem Tod wurde ein großer Teil des Personals dieser schlecht laufenden Zeitschrift entlassen oder kündigte freiwillig. Der Laufbursche blieb als Einziger übrig und wurde in Ermangelung eines anderen prompt zum Redakteur ernannt. Es war ein Erfolg für mich und etwas, auf das mein Vater wahrscheinlich unglaublich stolz gewesen wäre. Aber er war nicht mehr da und konnte es nicht mehr erfahren und ich war am Boden zerstört.

Während der folgenden fünfzehn Jahre war ich besessen davon, Erfolg um des Erfolges willen zu haben. Den Glauben vernachlässigte ich mehr und mehr. Jedesmal, wenn ich etwas erreicht hatte, fing ich mit etwas Neuem wieder ganz von vorn an. Ich war wie ein Kind, das mit Bauklötzchen einen Turm baut und ruft: »Sieh nur, Papa!«, bevor es ihn wieder umwirft und einen zweiten baut, um den Vater zu beeindrucken.

Meine Karriere verlief wie eine Achterbahn. Die kränkelnde Zeitschrift kam mehr durch Glück als durch Können innerhalb von zwei Jahren aus den roten Zahlen und entwickelte sich zur größten monatlich erscheinenden Fotozeitschrift des Landes. Auf dem Höhepunkt ihres Erfolgs stieg ich nach zwei Jahren aus und trat in ein anderes heruntergewirtschaftetes Verlagshaus ein. Innerhalb von zwei Jahren lief die Zeitung so gut, dass sie die erste Zeitschrift übernehmen konnte.

Wieder einmal hatte ich unglaublich schnell Erfolg gehabt, aber das war nicht genug und nach weiteren zwei Jahren beschloss ich, eine eigene Fotozeitschrift herauszubringen, die innerhalb kürzester Zeit in der ganzen Welt bekannt wurde und mit der ich viele Preise gewann.

Wieder waren zwei Jahre ins Land gezogen und ich war noch immer nicht zufrieden. Darum beschloss ich 1987, Bildredakteur einer nationalen Zeitung zu werden. In diesem Bereich hatte ich keinerlei Erfahrung und es schien ein Ding der Unmöglichkeit zu sein. Doch ich stieg unglaublich schnell auf und wurde innerhalb von drei Jahren im »hohen« Alter von siebenunddreißig Jahren Bildredakteur des *Sunday Telegraph*.

Kurz vor Weihnachten 1993 feierte ich meinen vierzigsten Geburtstag. Wie vermutlich viele Menschen in diesem Alter beschloss ich, über das nachzudenken, was ich erreicht hatte und wo vielleicht neue Herausforderungen auf mich warten könnten. Abgesehen von der geistlichen Seite, die für mich sowieso nicht existierte, war ich sehr zufrieden. Ich hatte alles, was ich mir je gewünscht hatte: einen erfüllenden, gut bezahlten Job, eine hübsche Frau, zwei großartige Söhne und, ich muss es gestehen, einen Porsche 911. Aber zu welchem Preis?

Ich stellte fest, dass man mich im *Telegraph* »das Ungeheuer« nannte. Trotz der liebevollen Untertöne, die in vielen Spitznamen mitschwingt, offenbarte er mir etwas über mich selbst, das mir gar nicht gefiel. Ich hörte auch, wie jemand zu einem anderen sagte, ich sei nicht glücklich, wenn ich nicht mit jemandem im Clinch liegen würde. Sie hatten Recht. Es war tatsächlich so, dass ich einen Konflikt schuf, wenn keiner in Sicht war. Das Leben war für mich zu einem großen Schlachtfeld geworden.

Jesus hat gesagt: »Liebe deinen Nächsten wie dich selbst«, aber mein Problem war, dass ich mich tief in meinem Innern hasste und meinen Nächsten *hasste* wie mich selbst. Mein Motto lautete:»Vergiss die Rache, übe zuerst Vergeltung!« Ich war wie ein alternder Preisboxer, der nicht weiß, wann es Zeit ist abzutreten. Jeder einzelne Tag der vergangenen fünfzehn Jahre war eine Rauferei gewesen, nur dass im Gegensatz zu einem richtigen Boxkampf niemals die Glocke das Ende einer Runde einläutete. Und der schlimmste Augenblick war, als ich eines Tages in den Badezimmerspiegel schaute und mir ein Gesicht entgegenblickte, das ich überhaupt nicht mehr kannte. Während der folgenden Tage fielen mir immer wieder die Worte Jesu ein:»Was nützt es einem Menschen, wenn er die ganze Welt gewinnt, dabei aber sein Leben einbüßt?« Und ich erkannte, dass ich genau das getan hatte: In meiner eigenen kleinen Welt hatte ich buchstäblich alles, was ich mir je gewünscht hatte, aber ich hatte dabei meine Seele verloren.

Am Neujahrstag kam ein Freund, den ich jahrelang nicht gesehen hatte, zum Abendessen vorbei. Mir fiel sofort auf, dass er nicht mehr derselbe Mensch war, den ich früher gekannt hatte. Obwohl Christ, war mein Freund früher der größte Pessimist gewesen, den ich je erlebt hatte; der neue Mensch, der da vor mir saß, war voller Kraft, Optimismus und durch und durch glücklich. Und er erzählte mir von der großartigen Veränderung, die der Heilige Geist in seinem Leben vollbracht hatte. Er beschrieb, wie er sich sein ganzes Leben lang als Versager gefühlt hätte. Sein Vater sei von ihm tief enttäuscht gewesen. Ohne Vorwarnung brach ich am Abendbrottisch in Tränen aus – etwas, das dem »Ungeheuer« gar nicht ähnlich sah!

Er beschrieb genau das, was ich tief in meinem Unterbewusstsein empfand und was, obwohl es mir nicht klargeworden war, alle diese Jahre über mein Leben beherrscht hatte. Ohne zu fragen stand er auf und betete für mich. Ich spürte, wie ein seltsames Prickeln meinen Körper erfasste und die tiefverwurzelte Traurigkeit mit sich fortriss, die sich im Laufe der Jahre unter der Oberfläche festgesetzt hatte.

Ich hatte etwas erlebt, das ich nicht verstand, aber es hatte einen großen Einfluss auf mich. Am nächsten Morgen wachte ich als Mensch auf, der ein neues Ziel verfolgte. Ich spürte, dass Gott mich liebte und ich in seinen Augen nicht abgeschrieben war. Noch immer lag ich bildlich gesehen in schweren Ketten in einem dunklen Gefängnis, nur hatte jemand ein Loch in die Mauer gehauen und ein kleiner Lichtstrahl drang zu mir herein und gab mir einen Vorgeschmack auf die Freiheit, die dort draußen auf mich wartete.

Im Sommer machte ich Urlaub in der Schweiz. Dort las ich einen Artikel über den Alpha-Kurs in der *Holy Trinity Brompton Church*. Das einzige, das mir von diesem Artikel noch in Erinnerung blieb, war die Aussage, dass das Wirken des Heiligen Geistes so unglaublich wichtig sei. Tief in meinem Innern wusste ich, dass ich seine Kraft in meinem Leben brauchte, koste es, was es wolle. Ich erkundigte mich, wo sich diese Gemeinde befand, und meldete mich für den Kurs und das Wochenende an. Ich fühlte mich wie ein Sterbender, der auf die lebensrettende Operation wartet. Mir waren die der medizinischen Behandlung vorausgehenden Wochen egal, ich musste in den Operationssaal.

Endlich kam das Wochenende, das ich wie ein Kind, das auf Weihnachten wartet, ersehnt hatte – und ich wollte nicht mitfahren! Mir war nicht klar, welchen geistlichen Kampf ich erleben würde. Am Freitagabend lag ich in dem Konferenzzentrum in meinem Bett und durchlebte einen Sturm, wie ich ihn noch nie zuvor erlebt hatte und hoffentlich nie wieder erleben werde. Stimmen schrien in meinem Kopf, ich solle aufstehen und nach Hause fahren, ich würde mich selbst zum Narren machen, Gott würde nichts für mich tun, ich sei ein hoffnungsloser Fall, ich sei ein Versager und so weiter. Ich versuchte zu beten, doch ich konnte es nicht. Ich lag da und bekam die schlimmsten Prügel meines Lebens.

Am Morgen wachte ich vollkommen zerschlagen auf. Ich sah mir den Tagesplan an und stellte fest, dass die dritte Sitzung (die ich als die wichtigste identifiziert hatte) um halb fünf nachmittags stattfand. Ich schleppte mich durch den Tag wie ein Marathonläufer die letzte Gerade entlang, der nichts als die Ziellinie im Blick hat.

Diese letzte Sitzung werde ich nie vergessen. Ich hatte das Gefühl, als würde ich auseinandergerissen. Etwa in der Hälfte der Sitzung konnte ich es einfach nicht mehr ertragen. Der Preis war so nah, aber wir kamen so langsam voran! Ich wollte buchstäblich rufen: »Macht es doch jetzt! Sofort! Ich kann es nicht mehr aushalten.« Ich übertreibe nicht, wenn ich sage, dass ich Höllenqualen litt. Und dann kam Gott, und oh, welche Erleichterung.

Weißt du, zum ersten Mal in meinem Leben fühle ich mich »normal«. Es hört sich vielleicht seltsam an, aber immer wieder muss ich daran denken, wie normal ich mich fühle! Ich fühle mich auch geliebt. Ich werde als der akzeptiert, der ich bin, und ich fühle mich frei. Hört sich schrecklich abgedroschen an, nicht? Aber ich fühle mich so frei!

Gestern habe ich im Philipperbrief einige Worte von Paulus gelesen, die genau das ausdrücken, was ich in Bezug auf meinen »Erfolg« der vergangenen fünfzehn Jahre empfinde: »Doch was mir damals ein Gewinn war, das habe ich um Christi Willen als Verlust erkannt. Ja noch mehr: ich sehe alles als Verlust an, weil die Erkenntnis Christi Jesu, meines Herrn, alles übertrifft. Seinetwegen habe ich alles aufgegeben und halte es für Unrat, um Christus zu gewinnen und in ihm zu sein. […] Eines aber tue ich: Ich vergesse, was hinter mir liegt, und strecke mich nach dem aus, was vor mir ist. Das Ziel vor Augen, jage ich nach dem Siegespreis: der himmlischen Berufung, die Gott uns in Christus Jesus schenkt« (Phil 3,7-9.13-14).

Ich weiß nicht, was die Zukunft für mich bereithält und wie Gott mich führen wird; im Augenblick genieße ich einfach nur meine Flitterwochen! Was mich zum Zweck dieses Briefes bringt. Danke, dass du mir geholfen hast, zur Vollendung zu bringen, was am Neujahrstag begonnen hat.

Mit vielen Grüßen

Nigel

Alle können kommen. Jeder, der daran interessiert ist, mehr über den christlichen Glauben zu erfahren, kann zu dieser zehnwöchigen Einführung für Kirchendistanzierte und frisch bekehrte Christen eingeladen werden. Er kann auch als Auffrischungskurs für reifere Christen dienen.

Lernen und Lachen. Der Kurs basiert auf einer Reihe von fünfzehn Vorträgen über die Schlüsselfragen des christlichen Glaubens. (Sie können durch einen Gruppenleiter gehalten werden, es stehen aber auch Kassetten und Videos für kleinere Gruppen zur Verfügung.) Nach unserer Meinung ist es möglich, mehr über den christlichen Glauben zu erfahren, ohne Langeweile zu empfinden. Lachen und Spaß gehören unbedingt zu dem Kurs dazu. Sie reißen Barrieren nieder und schaffen eine Atmosphäre, in der sich alle entspannen können.

Pasta. Gemeinsames Essen gibt den Leuten die Möglichkeit, sich kennen zu lernen und Freundschaften zu schließen. Es ist unbedingt wichtig, diesen Kurs in einer freundlichen und offenen Umgebung abzuhalten.

Hilfe für die anderen. Die Mitglieder der Kleingruppe ermutigen sich in den gemeinsamen Gesprächsrunden gegenseitig, aktiv teilzunehmen und einander auf dem Weg zu helfen, während sie gemeinsam in der Bibel lesen und miteinander beten. Den Helfern bietet der Kurs Gelegenheit, dazu beizutragen, dass andere zum Glauben kommen. Häufig helfen sie bei mehreren Kursen oder bringen ihre Freunde mit, damit auch sie sehen, worum es dabei geht.

Antworten erbitten. Alpha ist ein Ort, an dem keine Frage zu einfach oder zu schwierig ist. Jeder hat die Gelegenheit, seine Fragen vorzubringen und nach dem Vortrag in Kleingruppen über wichtige Themen zu diskutieren.

Kapitel 3

Praktische Durchführung

D ie Gedächtnisstütze auf der gegenüberliegenden Seite hilft mir, wenn ich versuchte, die wichtigsten Bestandteile von Alpha aufzuzählen.

Die Teilnehmerzahl der Alpha-Kurse variiert. Wir haben sowohl große als auch kleine Kurse durchgeführt – begonnen haben wir als sehr kleine Gruppe –, doch die in diesem Kapitel aufgeführten Prinzipien gelten für Gruppen aller Größen.

Ein typischer Abend

18.15 Uhr	Leiter und Helfer treffen sich zum Gebet
19.00 Uhr	Abendessen
19.40 Uhr	Begrüßung
19.50 Uhr	Lobpreis
20.00 Uhr	Vortrag
20.50 Uhr	Kaffee
21.00 Uhr	Kleingruppen
21.45 Uhr	Ende

Es ist unbedingt wichtig, dass die Leiter und Helfer sich zu Beginn des Abends zum Gebet treffen. Sie können dann auch die organisatorischen Dinge durchsprechen.

Um 19 Uhr wird zu Abend gegessen. Als wir noch eine kleine Gruppe waren (etwa zwölf Mitglieder), bereitete abwechselnd jeder Teilnehmer einmal das Essen zu (angefangen bei den Leitern und Helfern). Als die Gruppen größer wurden, erreichten wir einen Punkt, an dem wir mehr als zehn Kleingruppen hatten. Nun übernahm es jede Kleingruppe abwechselnd, für das Abendessen zu sorgen. (Für den Alpha-Kurs werden keine Gebühren erhoben, allerdings wird jeden Abend ein kleiner Beitrag für das Essen eingesammelt und natürlich kostet die Unterbringung und Verpflegung an dem gemeinsamen Wochenende etwas.) Dieses System musste vollkommen umgestellt werden, als wir eine Gruppenstärke von mehr als zweihundert Teilnehmern erreichten. Wir bestellten das Essen bei einem Partyservice und legten die Kosten auf die einzelnen Teilnehmer um.

Das gemeinsame Essen ist ein wesentlicher Teil des Kurses, da es den Teilnehmern die Möglichkeit gibt, in entspannter Atmosphäre andere kennen zu lernen. Freundschaften entstehen im Laufe eines Kurses vor allem in den Kleingruppen.

Um 19.40 Uhr begrüße ich die Teilnehmer und stelle Bücher und Kassetten vor. Ich nutze diese Zeit, um über das Wochenende und die Party am Ende des Kurses zu sprechen. Danach erzähle ich gewöhnlich einen Witz oder eine lustige Begebenheit. Ich habe festgestellt, dass Humor ein wichtiger Bestandteil des Kurses ist, und diese Witze werden über Gebühr gewürdigt. Für Außenstehende ist es wichtig zu sehen, dass wir Christen auch Sinn für Humor haben und dass Lachen und der Glaube an Jesus Christus nicht unvereinbar sind.

»... weil ich auf die andere Seite wollte.«

Um 19.50 Uhr wird gesungen. Ich erkläre ganz genau, was wir tun werden. Häufig zitiere ich, was der Apostel Paulus in seinem Brief an die Epheser schreibt: »Laßt in eurer Mitte Psalmen, Hymnen und Lieder erklingen, wie der Geist sie eingibt. Singt und jubelt aus vollem Herzen zum Lob des Herrn« (Eph 5,19). Ich erkläre, dass wir eine Mischung aus Psalmen (in der Regel modern vertont), Anbetungsliedern und geistlichen Liedern singen werden. Unser Repertoire umfasst eine Mischung aus alten und modernen Liedern. Am ersten Abend beginnen wir immer mit einem altbekannten Lied für die, die mit den modernen Liedern vielleicht noch nicht so vertraut sind. Im Laufe des Kurses gehen wir dann aber meistens zu den moderneren Liedern über. Ganz allmählich vollzieht sich der Übergang, dass wir nicht mehr über Gott singen, sondern ihn in unseren Liedern direkt ansprechen. Auch wird der Lobpreis langsam von fünf Minuten am ersten Abend auf fünfzehn bis zwanzig Minuten gegen Ende des Kurses ausgedehnt. Wir versuchen, zu Beginn nicht zu schnell vorzugehen. Immer wieder weise ich darauf hin, wie wichtig es ist, »dass wir in unseren Herzen singen und spielen«. Einige Teilnehmer sind vielleicht noch nicht bereit mitzusingen, und in diesem Fall ist es in Ordnung, wenn sie einfach zuhören, bis sie bereit sind, mit einzustimmen.

Der Lobpreisleiter muss sich sehr selbstsicher geben, auch wenn er oder sie dies noch nicht ist. Wir haben festgestellt, dass es besser ist, keine Erklärung zu den einzelnen Liedern abzugeben. Die Aufgabe des Lobpreisleiters ist es – wie der Name schon sagt –, den Lobpreis zu leiten und nicht etwas von sich zu geben, das leicht vom Lob Gottes ablenken könnte. Wenn niemand da ist, der kompetent den Lobpreis leiten und begleiten kann, sollte besser nicht gesungen werden. Es gibt auch Alpha-Kurse ohne Gesang. Dies ist also kein wesentlicher Bestandteil des Kurses. Die kleineren Kurse, die sich Kassetten anhören oder das Video ansehen, singen normalerweise auch nicht.

Ich habe festgestellt, dass viele, denen das Singen zu Beginn des Kurses zuerst überhaupt nicht gefällt, später ihre

Meinung ändern und sagen, es sei ihnen die wichtigste Zeit des Abends. Für viele ist dieser Gesang ihre erste Erfahrung in der Kommunikation mit Gott. Es hilft den Menschen auch, den ersten Schritt vom Alpha-Kurs in die Gemeinde zu wagen, wo der Lobpreis Gottes eine zentrale Stellung einnimmt.

Nach dem Singen kommt der Vortrag. Er kann vom Leiter oder einem Helfer gehalten werden. Bei kleineren Kursen ist es vermutlich besser, eine Reihe von Sprechern zu haben. Bei größeren ist es notwendig, eine Person zu haben, die es gewöhnt ist, vor größeren Mengen zu sprechen. Dies schränkt natürlich die Zahl der Redner unausweichlich ein.

In den folgenden Abschnitten werde ich die Abkürzung »FL« verwenden, wenn ich mich auf ein Kapitel in dem Buch »Fragen an das Leben«[19] beziehe, das auf den Alpha-Vorträgen basiert. Die Kapitelnummer ist jeweils dahinter angegeben.

Der Alpha-Kurs beginnt mit einem Vortrag zum Thema »Wer ist Jesus?« (FL 2). In der zweiten bis sechsten Woche behandeln wir das in den Kapiteln 3-7 angegebene Material. An dieser Stelle wird dann meist das gemeinsame Wochenende eingeschoben. Wenn es möglich ist, folgt in der siebten Woche der Vortrag zum Thema »Wie widerstehe ich dem Bösen?« (FL 10). Wenn das gemeinsame Wochenende zu diesem Zeitpunkt noch nicht durchgeführt werden kann, sollte auch dieses Thema verschoben werden. Ich habe festgestellt, dass der Vortrag zur geistlichen Kriegführung nur wirklich dann relevant wird, wenn die Teilnehmer die Macht des Heiligen Geistes erfahren haben.

In der achten Woche beschäftigen wir uns mit dem Thema »Parole weitersagen – warum und wie?« (FL 12). In dieser Woche spreche ich das Fest zum Abschluss des Kurses zum ersten Mal an. In der darauf folgenden Woche wird das Thema »Heilung« behandelt (FL 13). An diesem Abend findet kein Gespräch in Kleingruppen statt, denn wir bleiben für den Gebetsdienst zusammen (vgl. Kapitel 11 in diesem Buch).

Am letzten Abend beschäftigen wir uns mit dem Stellenwert der Kirche (FL 14). Das Ziel dieses Vortrags ist es, die Teilnehmer des Alpha-Kurses in das Gemeindeleben zu integrieren. Wir erklären, wie das Hauskreis-System in der Gemeinde funktioniert, und machen ihnen Mut, sich einer solchen Gruppe anzuschließen. Häufig kann eine Kleingruppe des Alpha-Kurses geschlossen in einen Hauskreis integriert werden.

Nach dem Vortrag an einem normalen Kursabend gehen wir in Kleingruppen (vgl. Kapitel 7 dieses Buches). Unser Ziel ist es, den Abend um 21.45 Uhr zu beschließen.

Zum Abschluss des Kurses geben wir Fragebögen an die Teilnehmer aus (siehe Anhang D). Die Antworten zeigen uns, was beim nächsten Kurs verbessert werden kann.

Das gemeinsame Wochenende

Das gemeinsame Wochenende ist ein sehr wichtiger Teil des Kurses. An diesem Wochenende beschäftigen wir uns mit dem Wirken des Heiligen Geistes im Leben eines jeden einzelnen Kursteilnehmers. Das Material ist den Kapiteln 7, 8, 9 und 15 des Buches »Fragen an das Leben« entnommen. Es ist auch möglich, dieses Material an einem einzigen Tag durchzusprechen. Manchmal treffen wir uns nur samstags, wenn sich nicht alle Teilnehmer ein ganzes Wochenende freinehmen können. Ein gemeinsames Wochenende birgt jedoch enorme Vorteile. Wir haben zum Beispiel festgestellt, dass an einem Wochenende viel leichter Freundschaften entstehen, als

wenn man nur einen einzigen Tag zusammen ist. Die Teilnehmer reisen gemeinsam an, essen zusammen, machen Spaziergänge, freuen sich über das bunte Abendprogramm und feiern
am Sonntagmorgen gemeinsam Abendmahl. So werden Freundschaften gefestigt, die sich in den vorangegangenen Wochen
angebahnt haben.

In einer solch entspannten Atmosphäre öffnen sich die
Menschen und Barrieren werden niedergerissen. Ich habe festgestellt, dass viele an diesem Wochenende genauso große geistliche Fortschritte machen wie an den ganzen Kursabenden zu-
sammengenommen.

Ich weiß, es ist schwierig, einen Tagungsort zu finden,
aber in der Regel ist es möglich, wenn man weit genug im
Voraus plant. Sollten sich die Teilnehmer des Kurses einen
Aufenthalt in einem Freizeitheim nicht leisten können, könnte
das Wochenende auch am Ort des Kurses durchgeführt werden. In den meisten Gemeinden ist es vielleicht möglich, dass
die etwas Bessergestellten ein wenig mehr für die bezahlen,
die nicht so viel Geld haben.

Der Zeitplan für das Wochenende sieht folgendermaßen aus:

Freitag

ab 18.30 Uhr	Anreise
20.00-22.00 Uhr	Abendessen
21.45 Uhr	Lobpreis und eine kurze Einführung in das Wochenende. Dazu kann ein kurzer Vortrag über das 15. Kapitel des Johannes-Evangeliums oder vielleicht ein Lebensbericht gehören.

Samstag

8.45 Uhr	Frühstück

9.30 Uhr	Lobpreis
	Vortrag 1: »Wer ist der Heilige Geist?«
10.45 Uhr	Kaffee
11.15 Uhr	Vortrag 2: »Was bewirkt der Heilige Geist?«
12.00 Uhr	Diskussion in Kleingruppen. Häufig beschäftigen wir uns mit 1 Korinther, Kapitel 12, Verse 1-11 und dem Thema »geistliche Gaben«
13.00 Uhr	Mittagessen

Der Nachmittag ist frei. Verschiedene Aktivitäten können geplant werden, Sport, Spaziergänge etc.

16.00 Uhr	Kaffee oder Tee für die, die möchten
17.00 Uhr	Lobpreis
	Vortrag 3: »Wie werde ich vom Heiligen Geist erfüllt?«
19.00 Uhr	Abendessen
21.00 Uhr	Rückblick. Verschiedene Sketche und Lieder mit unterhaltsamem Inhalt.

Sonntag

9.00 Uhr	Frühstück
9.45 Uhr	Diskussion in Kleingruppen. Raum für alle Gäste, um über das zu sprechen, was sie bisher gesehen und gehört haben.
10.30 Uhr	Lobpreis
	Vortrag 4: »Wie führe ich als Christ ein optimales Leben?«
	Abendmahl

13.00 Uhr   Mittagessen
Der Nachmittag ist frei.

Vorbereitung des Kurses

Zunächst müssen die Termine festgelegt werden. Der Kurs umfasst elf Wochen (einschließlich Abschlussfest). Der Alpha-Kurs in der *Holy Trinity Brompton Church* findet jeweils am Mittwochabend statt (allerdings gibt es auch einen Alpha-Kurs, der tagsüber abgehalten wird, vgl. Anhang C). Es ist von größter Bedeutung, mindestens drei Kurse pro Jahr zu veranstalten, um die Kontinuität zu gewährleisten. Früher boten wir vier Kurse an, doch angesichts der hohen Teilnehmerzahlen mussten wir die Anzahl auf drei einschränken. Wir haben festgestellt, dass die beste Zeit für den Kurs Herbst (Oktober bis Dezember), Frühling (Januar bis April) und Sommer (Mai bis Juli) ist.

Zweitens muss ein Tagungsort gefunden werden. Ideal ist ein Privathaus. Viele Jahre lang wurde der Alpha-Kurs der *Holy Trinity Brompton Church* in einem Privathaus abgehalten. Wir hatten starke Vorbehalte, in die Gemeinderäume umzuziehen, weil die gemütliche Atmosphäre eines Wohnzimmers für viele, die nicht zur Kirche gehen, sehr viel weniger bedrohlich wirkt. Wir haben uns schließlich nur wegen der stetig anwachsenden Teilnehmerzahl dazu entschlossen. Wenn ein Kurs für ein Privathaus zu groß wird, muss ein anderer Tagungsort mit einer gemütlichen Atmosphäre gefunden werden.

Drittens: Der Kurs sollte angekündigt werden, damit Kirchendistanzierte und Menschen, die am Rande der Gemeinde stehen, davon erfahren und sich angesprochen fühlen. Wenn die Gemeindemitglieder erst einmal Vertrauen zu dem Kurs

gefasst haben, werden sie ihre Freunde dazu einladen. Als anglikanische Kirche machen wir Erwachsenen, die sich auf eine
Taufe vorbereiten, Eltern, die ihre Kinder taufen lassen wollen, und auch Konfirmanden Mut, diesen Kurs zu besuchen.
Ich fordere sogar Brautpaare dazu auf, die sich in unserer Kirche trauen lassen wollen, diesen Kurs als Vorbereitung auf ihre Ehe zu absolvieren. Einige haben mir hinterher gesagt, es
sei eine hervorragende Vorbereitung auf ihre Ehe gewesen, da
dieser Kurs nicht nur ihre Beziehung zu Gott umgestaltet habe, sondern auch ihre Beziehung zueinander. Wir stellen diesen Kurs vor allem auch in den Gottesdiensten vor, die häufig
von Menschen besucht werden, die nur am Rande der Gemeinde angehören, zum Beispiel an Weihnachten und Ostern.

Außerdem kündige ich den Kurs noch einmal jeweils in
den zwei Wochen vor seinem Beginn an. An diesen beiden
Sonntagen geben wir zusammen mit dem Gottesdienstpro-
gramm Informationsmaterial aus. Am ersten der beiden Sonntage erkläre ich in beiden Gottesdiensten, was Alpha ist (wobei ich die Gedächtnishilfe am Anfang dieses Kapitels verwende). Dann interviewe ich eine Person, die den Kurs gerade absolviert hat. Dafür wähle ich jemanden aus, mit dem
sich die Leute leicht identifizieren können und von dem sie
nicht sagen können: »Mir ist vollkommen klar, warum er oder
sie den christlichen Glauben braucht, aber für mich ist das
nichts.«

Am besten wählt man Personen dafür aus, die sich nicht
um ein solches Interview reißen. Wenn sie sich dann damit
einverstanden erklären, kann man davon ausgehen, dass es ihnen in erster Linie um die anderen und nicht darum geht, sich
selbst darzustellen. Gewöhnlich frage ich die betreffenden
Personen erst zehn Minuten vor Gottesdienstbeginn. Wenn sie
es länger im voraus wissen, fangen sie an, sich etwas aufzu-
schreiben, und das Interview verliert seine Frische. In diesen

zehn Minuten stelle ich ihnen dann dieselben Fragen, die ich ihnen auch später vorlegen werde. Das gibt ihnen die Gelegenheit zu üben und mir die Chance, interessante Dinge zu vertiefen. Immer wieder mache ich ihnen Mut und sage, dass sie ihre Sache gut machen! In dem Interview bitte ich sie dann zu erzählen, welche Einstellung sie vor dem Kurs zum christlichen Glauben hatten, was sie während des Kurses erlebt haben und welche Veränderungen Jesus in ihrem Leben bewirkt hat. Ich bitte sie, Verallgemeinerungen möglichst zu vermeiden. Sie sollen konkrete Beispiele der Veränderungen nennen, die sie erlebt haben.

An dem zweiten der »Alpha-Sonntage« vor Kursbeginn veranstalten wir häufig einen Gästegottesdienst. Diese Gottesdienste sind speziell darauf angelegt, dass die Gemeindemitglieder ihre Freunde, die normalerweise nicht in die Kirche gehen, mitbringen. Der Gottesdienst ist kurz und die Predigt beschäftigt sich mit Fragen, die gewöhnlich von Nichtchristen gestellt werden. Am Ende des Vortrags laden wir die ein, die sich gern ein wenig intensiver mit dem christlichen Glauben auseinandersetzen möchten, am Mittwochabend zum Alpha-Kurs zu kommen. Eine Anmeldung wird von uns nicht verlangt, da wir festgestellt haben, dass die meisten, die nicht regelmäßig in die Kirche gehen, lieber anonym bleiben wollen. Ich schlage vor, dass sie einfach am ersten Kursabend vorbeischauen, wobei ich deutlich mache, dass dies eine freiwillige Angelegenheit ist. Wenn der Abend nicht gefällt, können sie wegbleiben, ohne dass jemand nachfragen wird. Das nimmt den Druck. Die meisten, die am ersten Abend kommen, besuchen auch die anderen Abende.

Auch beim Abschlussfest, zu dem die Teilnehmer Freunde mitbringen, machen wir Werbung für die Alpha-Kurse, doch darauf werde ich am Ende dieses Kapitels noch näher eingehen.

Auswahl des Teams

Die erste Aufgabe vor Beginn eines Alpha-Kurses ist die Aus-
wahl des Leitungsteams. Bei einem großen Kurs (dreißig
Teilnehmer und mehr) wird zu dem Team ein Organisator und
möglicherweise ein Lobpreisleiter gehören müssen.

Etwa ein Drittel der Kursteilnehmer sollten Leiter oder
Helfer sein. Jede Kleingruppe besteht aus ungefähr zwölf
Leuten, von denen drei oder vier Leiter und Helfer sind. Sie
müssen sehr sorgfältig ausgewählt werden. Die Leiter sollten
zumindest ansatzweise die Gabe der Evangelisation haben.
Sie brauchen noch nicht jahrelang Christen zu sein, doch ein
Hinweis auf diese Gabe ist, dass sie »gut mit Menschen umgehen können«. Wenn jemand zum Beispiel Michael als Leiter vorgeschlägt, stelle ich häufig folgende Testfrage: »Ange-
nommen, du hättest einen Freund, der nicht zur Kirche geht
und für den du schon jahrelang betest. Würdest du ihn in Mi-
chaels Gruppe schicken?« Lautet die Antwort »Nein«, ist der
Betreffende nicht geeignet, eine Kleingruppe des Alpha-Kurses zu übernehmen. Lautet die Antwort »Ja«, ist er möglicherweise ein guter Leiter.

In jeder Gruppe gibt es auch ein oder zwei Helfer, in der
Regel ein Mann und eine Frau. Jedoch bemühen wir uns, kein
befreundetes Pärchen als Leiter oder Helfer eines Kurses zu
nehmen, da Komplikationen entstehen könnten, falls diese
Beziehung im Laufe des Kurses auseinandergehen sollte. Ideal ist es, wenn ein Ehepaar und zwei alleinstehende Personen
das Leitungsteam jeder Gruppe bilden. Die Helfer sollten die
gleiche Testfrage bestehen wie die Leiter, sie dagegen können
junge Christen sein. Es kann auch vorkommen, dass sie überhaupt keine Christen sind. Viele unserer Helfer gehören zu
denen, die den vorangegangenen Kurs absolviert haben und
den Kurs gern wiederholen möchten. In vielen Fällen bitte ich

sie dann, als Helfer dazuzustoßen. Ich rate jedem entschieden ab, den Kurs einfach zu wiederholen, weil ich nicht möchte, dass Leute auf einer Stelle stehen bleiben. Sie müssen auf dem Weg des Glaubens weitergehen. Eine gute Möglichkeit ist, dass sie den Kurs als Helfer wiederholen. Menschen, die den Kurs bereits einmal absolviert haben, bringen häufig besonders viel Verständnis für die Ängste und Zweifel ihrer Gruppenteilnehmer auf. Sie können mitfühlen, können sagen: »So ist es mir auch ergangen« oder: »Das ist mir sehr schwer gefallen«. Äußerungen wie diese helfen die Barrieren der Fremdheit einzureißen.

Natürlich bitte ich auch die Leiter des vorangegangenen Kurses, Personen ihrer Kleingruppe zu empfehlen, die gute Helfer sein könnten. Und auch ich sehe mich immer wieder nach Menschen um, die ich für gute Helfer halte, und fordere sie auf, in dieser Position in den Kurs einzusteigen. Viele von ihnen sind gerade erst zum Glauben gekommen und haben Freunde, die keine Christen sind. Ein hoher Prozentsatz der Teilnehmer des folgenden Kurses sind Freunde von Teilnehmern des vorangegangenen. Auf diese Weise wächst der Kurs ganz automatisch.

Bei Kursen mit hoher Teilnehmerzahl ist es hilfreich, eine »Organisationsgruppe« zu bilden, wie wir sie nennen. Diese Leute sind für die praktischen Aufgaben zuständig, zum Beispiel das Essen, Geschirrspülen und Stühlestellen. Diese Gruppe ist sehr wichtig, wenn der Kurs reibungslos ablaufen soll. Sie nehmen nicht an den Gesprächen in den Kleingruppen teil, da sie voll von den praktischen Aufgaben in Anspruch genommen werden. Wir zum Beispiel haben eine ganz bemerkenswerte Organisationsgruppe. Dazu gehören Leute, die entweder nicht an einer Kleingruppe teilnehmen möchten oder für die Kleingruppe nicht geeignet sind, die aber die Gabe des Helfens haben (1 Kor 12,28). Sie sind der Gruppe vergleichbar, die die Apostel in der Apostelgeschichte auserwählt haben, den »Dienst an den Tischen« zu tun (Apg 6,2). Es sind Männer und Frauen, die vom Heiligen Geistes erfüllt und bereit sind, mit ihren Gaben da zu dienen, wo sie gebraucht werden. Ihre Liebe und ihr Dienst sind den Kursteilnehmern ein lebendiges Zeugnis für die Liebe Gottes.

Die Ausbildung des Teams

Es ist wichtig, dass das ganze Team (auch diejenigen, die schon lange Christen sind) ausgebildet werden. Leiter, Helfer und Organisationsgruppe werden zu drei Trainingssitzungen eingeladen. Zwei davon werden in der Regel zwei Wochen vor Kursbeginn abgehalten. Der Vortrag am ersten Abend hat die persönliche Begleitung zum Thema (vgl. Kapitel 5). Im zweiten Vortrag beschäftigen wir uns mit der Leitung von Kleingruppen (vgl. Kapitel 7). Die dritte Trainingssitzung findet gewöhnlich am Montagabend vor dem gemeinsamen Wochenende statt. Hier geht es um das Thema »Gebetsdienst«.

An den Trainingsabenden treffen wir uns um 19 Uhr zum Abendessen. Es ist wichtig, dass das Team vor Kursbeginn Zeit hat, sich kennen zu lernen, denn wir können nicht voraussetzen, dass die Einzelnen sich bereits gut kennen. Um 19.45 Uhr beginnen wir mit Lobpreis und Gebet. Immer wieder weisen wir darauf hin, wie wichtig das Gebet für den Ablauf des Kurses ist. Dann hören wir den Vortrag und geben Gelegenheit, Fragen entweder zu dem Gehörten oder zu anderen Aspekten des Kurses zu stellen. An diesem Punkt sprechen wir auch einige der administrativen Details an und bereiten die Leute auf die Aufgaben vor, die am ersten Kursabend und danach auf sie warten. Wir bemühen uns, den Trainingsabend gegen 21.45 Uhr zu beenden.

Das Abschlussfest

Etwa in der siebten Woche beginnen wir mit der Planung des Festes zum Abschluss des Kurses. In der achten Woche (beim Thema »Parole weitersagen – warum und wie?«) kündigen wir es erneut an und verteilen die Einladungen. In der zehnten Woche versuchen wir, festzulegen, wie viele Leute kommen werden. Als der Alpha-Kurs in der *Holy Trinity Brompton Church* noch klein war, brachte jeder etwas zu essen mit. Heute lassen wir das Essen vom Partyservice kommen, da manchmal mehr als tausend Leute an diesem Fest teilnehmen. Die Kursteilnehmer leisten nach Möglichkeit ihren finanziellen Beitrag; sie wissen ja, wie viele Gäste sie mitbringen werden.

Am Abend des Abschlussfestes treffen die Gäste gegen 19.15 Uhr ein. Zuerst wird ein Cocktail gereicht (auf der Einladung werden die Gäste gebeten – wenn sie dazu bereit sind –, eine Flasche Wein oder alkoholfreie Getränke selbst mitzubringen), danach setzen wir uns zum Essen an den Tisch. Ein Tischgebet wird nicht gesprochen, um die Gäste nicht in Verlegenheit zu bringen. Gegen 21 Uhr begrüße ich die Gäste. Wir danken den für die Organisation des Abends Verantwortlichen und ich bitte ein oder zwei Kursteilnehmer, von dem zu erzählen, was sich in ihrem Leben ereignet hat. Ich sage den Betreffenden erst so kurz wie möglich vorher Bescheid, damit sie nicht allzu nervös sind. Notizen sind nicht gestattet, da es immer besser ist, frei über das zu sprechen, was man erlebt hat, und ich stelle ihnen auch immer Fragen, damit sie keine Angst haben müssen, den Faden zu verlieren. Nach dem Interview halte ich einen Vortrag zum Thema »Christsein – uninteressant, unwahr und unbedeutend?« (FL 1). Wenn das Abschlussfest in der Weihnachtszeit stattfindet, wähle ich das Thema »Warum eigentlich Weihnachten?«.

Am Ende des Vortrags beziehe ich mich gewöhnlich auf die Erfahrungen, die der Apostel Paulus in Athen machen musste, als er feststellte, dass es drei Reaktionen auf das gab, was er den Menschen von Jesus erzählt hatte (vgl. Apg 17,32-34): Die einen spotteten. Ich weise darauf hin, dass auch ich jahrelang so reagiert habe und niemanden verurteile, bei dem das genauso ist. Andere Bewohner Athens sagten: »Darüber wollen wir dich ein andermal hören« (Vers 32). Ich schlage vor, dass diejenigen, die so empfinden, zum nächsten Alpha-Kurs kommen. Anmeldungen und Informationsmaterial liegen bereit. Und schließlich: »Einige Männer [...] wurden gläubig« (Vers 34). Als Hilfe für die, auf die dies zutrifft, bitte ich alle Anwesenden, ihren Kopf zu neigen, und spreche das Gebet, das in dem Büchlein »Jesus!?«[20] abgedruckt ist. Eigentlich gibt es immer ein paar Menschen, die dieses Gebet mitsprechen, wie ich dann hinterher feststelle.

Danach mache ich allen Interessierten Mut, zum nächsten Alpha-Kurs zu kommen, zumindest einmal am ersten Abend. Alle Gäste erhalten ein Exemplar des Büchleins »Jesus!?«. Im Anschluss gibt es noch Kaffee, noch mehr Essen und Gespräche. Die meisten Gäste bleiben und plaudern mit den Freunden, die sie eingeladen haben. Der Abend wird gegen 23 Uhr beendet. Viele derjenigen, die zu diesem Fest gekommen sind, möchten so schnell wie möglich einen Alpha-Kurs absolvieren, darum ist es so wichtig, dass unmittelbar danach ein weiterer Kurs veranstaltet wird.

Das Alpha-Fest ist einer der Gründe, warum das Interesse an den Kursen so groß ist. Wir haben festgestellt, dass jedes Alpha-Fest größer ist als das vorangegangene, und ebenso ist jeder neue Alpha-Kurs größer als der vorhergehende. Darum ist es so wichtig, Leute zu haben, die die Tische decken, bedienen und im Anschluss aufwaschen, weil sonst das Chaos vorprogrammiert ist.

Nach Abschluss des Kurses

Die tiefen Freundschaften, die häufig durch die Alpha-Kurse entstehen, bedeuten, dass die Kleingruppen auch nach dem Kurs weiter zusammenbleiben. Frisch gebackene Christen müssen jedoch in das Leben der christlichen Gemeinschaft integriert werden. Dies kann auf unterschiedliche Art und Weise geschehen. Da im Augenblick Tausende von Alpha-Kursen stattfinden, kommen immer wieder Anfragen nach Material für die Nacharbeit, das für einen Hauskreis geeignet ist.

Als Antwort darauf stellen wir gerade ein Weiterbildungsprogramm für Christen zusammen. In dieser Reihe sind auf Deutsch im Verlag Projektion J bereits die folgenden Bücher erschienen: »Fragen an das Leben« (der Alpha-Grundkurs) und »Herausfordernder Lebensstil«; auf Englisch sind darüber hinaus erhältlich: *A Life Worth Living* und *Searching Issues.*

Im Anhang dieses Buches werde ich noch eingehender auf die bereits in Deutschland erschienenen Hilfmittel eingehen. Ihr Ziel ist es, Menschen solides biblisches Wissen für ihren neuen Glauben und Lebensstil zu vermitteln und Probleme und schwierige Themen klar und einfach anzusprechen.

Manchmal werde ich gefragt, ob Alpha immer Erfolg hat. Die Menschen wollen wissen, ob jeder, der an diesem Kurs teilnimmt, auch tatsächlich Christ wird, die Erfüllung mit dem Heiligen Geist erlebt, Begeisterung für Jesus erfährt und Hunderte von Freunden zum nächsten Kurs mitbringt. Leider lautet die Antwort: »Nein, das ist nicht immer so!« Bei einem der letzten Kurse haben wir einmal genau Buch geführt und festgestellt, dass von rund vierhundert Gästen zwischen sechzig und achtzig Teilnehmer ausgestiegen sind. Als wir nach den Gründen suchten, fanden wir Folgendes heraus:

Erstens: Oft sind wir daran Schuld, dass sie den Kurs nicht beendet haben. Wir haben den Kurs nicht so gut gestaltet, wie wir es vielleicht gekonnt hätten. Aus diesem Grund geben wir am Ende des Kurses Fragebögen aus, damit wir die Kurse immer wieder verbessern und teilnehmerfreundlicher gestalten können.

Zweitens steigen Menschen der Umstände halber aus. Manche ziehen vielleicht in eine andere Stadt. Mittlerweile ist es jedoch oftmals möglich, den Kurs auch in ihrem neuen Lebensbereich durchzuführen. Ich kenne ein Ehepaar, das den Kurs in London begonnen und in Hongkong beendet hat! Ein anderer Mann hat den Kurs sieben Wochen lang in der *Holy Trinity Brompton Church* mitgemacht, die achte Woche in Boston absolviert, wo er geschäftlich zu tun hatte, und den Kurs dann schließlich hier in London mit uns zusammen abgeschlossen. Dies zeigt, welche Vorteile es bringt, dass die Alpha-Kurse an so vielen verschiedenen Orten durchgeführt werden.

Drittens: Menschen brechen den Kurs ab aus Gründen, die im Gleichnis vom Sämann angesprochen werden (Mt 13,3-8.18-23). Jesus sagte, die Herzen einiger Menschen seien hart. Sie sind einfach nicht bereit zu hören und bleiben oft nach dem ersten Abend weg. Manchmal kommen sie zum nächsten Kurs wieder oder auch erst ein Jahr später. Eine Person kam nach vier Jahren wieder und sagte zu mir: »Ich habe nie vergessen, was ich an diesem ersten Abend gehört habe.«

Einige steigen wegen persönlicher Schwierigkeiten in ihrem Leben aus oder weil man über sie spottet oder sich über sie lustig macht. Ihre Freunde lachen sie vielleicht aus und sagen: »Was machst du denn an einem Mittwoch in der Kirche?« Viele der Kursteilnehmer lügen in Bezug auf das, was sie am Mittwochabend machen. Ein Mann erzählte mir, ein Freund von ihm sei aus Neuseeland gekommen und hätte ihn eingeladen, am Mittwochabend mit ihm einen trinken zu gehen. Da er einen Alpha-Kurs besuchte, nahm er Zuflucht zu einer Ausrede: Er war nicht bereit einzugestehen, was er tatsächlich machte. Daraufhin sagte sein Freund: »Ach, das ist aber schade.« Er sah in seinem Terminkalender nach. »Wie wäre es nächsten Mittwoch?«

Wieder sagte er, er habe einen Termin, doch es fiel ihm schwer zu erklären, womit er am kommenden Mittwoch beschäftigt war. Schließlich gestand er ein, er würde einen Kurs machen.

»Was für ein Kurs ist das?«, fragte der Freund.

»Ach«, erwiderte er, »ich lerne Französisch.«

Viele verschweigen, dass sie einen Kurs über den christlichen Glauben machen, aus Angst, dass andere über sie lachen.

Jesus skizziert noch eine dritte Kategorie von Menschen, bei denen die Sorgen dieser Welt, die Freuden an Reichtümern und der Wunsch nach anderen Dingen das Wort Gottes ersticken. Wir haben festgestellt, dass eine Beziehung, Erfolg im Beruf oder andere Zerstreuungen die Menschen im Laufe des Kurses oder auch danach wieder in ihren Bann ziehen.

Doch dann bleibt noch die vierte Kategorie, die Jesus den »guten Boden« nennt. Sie tragen Frucht, dreißigfach, sechzigfach oder sogar hundertfach. Die zweite Gruppe, die ich leitete, machte mir sehr viel Mut. Nicht einer der Teilnehmer war Christ, doch alle fanden zu Christus, wurden mit dem Geist erfüllt und gehören nun dem Leitungskreis der Gemeinde an. Ich blieb mit allen in Kontakt, nur eine Frau verlor ich aus den Augen. Ich hatte keine Ahnung, was aus ihr geworden war, bis ich ihr zufällig auf einer Konferenz in Nairobi begegnete. Als wir dort ankamen, führte unser Gastgeber uns in sein Haus. Dort traf ich dieses Mädchen mit Namen Nataya, das ich, wie ich zu meiner Schande gestehen musste, nicht er-

kannte. Doch als wir ins Zimmer kamen, begann sie zu hüpfen, um dadurch nach Art der Massai Freude zu zeigen. Sie
sagte, sie habe seit vier Jahren gebetet, dass Alpha nach Kenia
kommen würde, und sie hält nun selbst Kurse ab. Alle diese
Teilnehmer haben also Frucht getragen: Es war eine erstaunliche Gruppe. In der folgenden Gruppe kam nur ein Frau zum
Glauben, doch sie brachte ihren Mann und mehrere Freunde
zum nächsten Kurs mit. Der Same, der auf guten Boden fällt,
bringt dreißigfache, sechzigfache, sogar hundertfache Frucht.

Kapitel 4

Die Geschichte von Martin Bennett

Im Alter von zwölf Jahren wurde Martin Bennett das Opfer eines Mannes, der ihm Alkohol zu trinken gab, ihn missbrauchte und ihn zwang, alles geheim zu halten. Dies zog sich über fast zehn Jahre hin. Martin berichtet im Folgenden von den Auswirkungen, die diese Geschehnisse auf sein Leben hatten, und wie Gott ihm die »schreckliche Last der Schuld« fortgenommen und an einem Nachmittag sein ganzes Leben verändert hat.

Ich wuchs in einem katholischen Elternhaus auf, dachte aber immer, Gott sei etwas, über das man höchstens stolpert, wenn man tot ist. Aber allzu sicher war ich mir doch nicht. Im Laufe der Zeit änderte sich meine Einstellung und ich wollte von Gott, Jesus und Religion nichts mehr wissen.

Mit etwa zwölf Jahren wurde ich von einem Lehrer an meiner Schule missbraucht. Er war Katholik, alleinstehend und ein angesehenes Mitglied seiner Gemeinde. Dieser Missbrauch zog sich über einige Jahre hin.

Er machte mich gewöhnlich zuerst betrunken. Das erste Mal, das ich Scotch getrunken habe, war, wenn ich mich recht erinnere, bei ihm zu Hause. Wenn ich betrunken war, tat er seltsame Dinge mit mir. Vieles davon weiß ich gar nicht mehr. Ich denke, ich habe es einfach verdrängt. Er war Alkoholiker. Und auch ich kann mich nicht erinnern, einmal *nicht* betrunken gewesen zu sein, wenn ich bei ihm war. Er brachte mich in eine Situation, der ich nicht entfliehen konnte, und redete mir ein, dass alles, was ich tat, falsch war, und dass alles geheim gehalten werden müsste. Wenn ich anderen davon erzählte, würde alles nur noch schlimmer werden. Er vertraute mir Geheimnisse an, erzählte mir Dinge über andere Lehrer, über andere Leute in der Stadt. So wurde ich von ihm in eine emotionale Abhängigkeit gezwungen, die ich eigentlich nicht wollte. Ich konnte nur damit fertig werden, indem ich einfach alles verdrängte.

Mit dreizehn wechselte ich auf eine weiterführende Schule, so dass ich ihm wenigstens in der Schule nicht mehr begegnete, doch tatsächlich wurde alles nur noch schlimmer. Als ich älter wurde, nahm er mir bestimmte Gegenstände weg, die ich dringend brauchte. Das fing an mit Dingen wie meiner Fahrkarte für den Zug. Oder Geld, meinen Pass und Ähnliches. Er nahm sie mir weg, wenn ich mich nicht bei ihm meldete. Dann musste ich wieder Kontakt aufnehmen und der ganze Teufelskreis begann von Neuem. Ich bemühte mich immer, meine »Spuren« zu verwischen, und führte so schon sehr früh ein Doppelleben. Er war ein angesehenes Mitglied der Gesellschaft. Meine Eltern merkten nicht, was vorging. Häufig wussten sie zwar, dass ich bei ihm war, doch das fanden sie in Ordnung, weil sie keine Ahnung hatten, was tatsächlich vorging. Keiner wusste davon, obwohl ich vermute, dass meine Brüder etwas ahnten, jedoch nichts damit zu tun haben wollten. Ich glaube, sie hatten Angst vor der Wahrheit. Und ich hätte es unter allen Umständen geleugnet.

Mit Anfang zwanzig hatte ich mich noch immer nicht vollständig von ihm gelöst. Dann und wann traf ich ihn noch, aber es war nicht mehr mit derselben Intensität. Mir war klar, dass ich unbedingt versuchen musste, ihm zu entkommen. Zwei Jahre lang reiste ich in der Welt umher, doch er stöberte mich immer wieder auf, in Australien zum Beispiel. Als Folge davon – und ich bin wirklich der Meinung, dass das sehr stark

damit zu tun hatte – wurde ich bereits sehr früh alkoholabhän-
gig. Ich trank, um mir das Leben zu erleichtern und um diese
Dinge vergessen zu können, denn ich hatte gemerkt, dass ich
alles nur noch wie im Nebel mitbekam, wenn ich genügend
getrunken hatte. Der Alkohol verdrängte alles. Das ging viele
Jahre so. Seit ich sechzehn oder siebzehn war, trank ich sehr
stark. Die ganze Geschichte lastete sehr schwer auf mir und
ich konnte nicht hoffen, ihr jemals zu entkommen.

Nachdem ich von meiner Reise zurückgekommen war, kam
ich mit Drogen in Berührung. Mit zwanzig verbrachte ich wegen einer akuten Bauchspeicheldrüsenentzündung (eine Krankheit, die durchaus im Zusammenhang mit Alkohol auftreten
kann) immer wieder lange Zeit im Krankenhaus. Ich bekam
jeweils eine hohe Dosis »Pethidin«, ein sehr starkes Schmerz-
mittel, von dem ich abhängig wurde. Man sagte mir, ich dürfe
keinen Alkohol trinken, aber das Trinken gehörte zu meinem
Doppelleben. Keiner merkte, dass ich immerzu unter Alko-
holeinfluss stand. Es gehörte zu meinem »geheimen« Leben.
Fast jeden Abend legte ich mich ziemlich betrunken ins Bett.

Ich begann mit kleinen Mengen Scotch oder Wodka, doch
nach und nach wurden es riesige Mengen. Gewöhnlich hielt
ich mich an Wodka, weil ich gehört hatte, dass man Wodka
nicht riechen könne. Aber wenn man am folgenden Morgen
noch immer betrunken aufwachte, war es ganz egal, was man
getrunken hatte. Während meines längsten Krankenhausauf-
enthaltes in Middelesex gab man mir »Heminevrin« für den
Alkoholentzug und »Pethidin« gegen die Schmerzen – und
gleichzeitig trank ich.

Eine Weile war ich mit einem Mädchen namens Catherine
zusammen. Sie merkte, dass ich große Probleme hatte. Schließlich kam alles heraus. Gott sei Dank. Ich war sechsundzwan-
zig Jahre alt. Daraufhin ging ich zu verschiedenen Psychiatern, Psychologen, Psychoanalytikern und Psychotherapeuten.

Einige waren ganz in Ordnung; manche waren schrecklich und andere wieder vollkommen nutzlos. Noch immer sträubte ich mich dagegen, über alles zu sprechen, aber mittlerweile war es für alle offensichtlich, dass ich Alkoholiker war, darum machte ich eine dreimonatige Entziehungskur.

Während der Entziehungskur sprach ich dann endlich über den Lehrer und das, was er mir angetan hatte. Niemand hatte davon erfahren sollen. Ich wollte es nicht der Polizei erzählen und es auch nicht an die große Glocke hängen. Doch als die Leute sagten: »Und wenn er es nun einem anderen Kind antut?«, fühlte ich mich moralisch verpflichtet, Anzeige zu erstatten. Soweit ich weiß, wurde er niemals angeklagt. Aber er unterrichtet nicht mehr und wird es auch nie mehr tun.

Dann kam ich in ein Rehabilitationszentrum, was sich als positiv für mich erwies. Ich hörte auf zu trinken und das war großartig. Ich machte wirklich Fortschritte. Catherine stand mir dieses Mal bei. Sie gab mir Kraft und half mir. Ich weiß nicht, was ohne sie passiert wäre. Unsere Beziehung besserte sich enorm, weil ich nun die Finger vom Alkohol ließ. Aber noch immer war vieles nicht in Ordnung. Immer wieder wurde ich rückfällig. Das war eine schwierige Zeit für Catherine. Im Juli 1992 heirateten wir und zu diesem Zeitpunkt war ich schon seit einigen Jahren nicht mehr im Krankenhaus gewesen. Wir haben uns kirchlich trauen lassen, da unsere Eltern beide katholisch waren und es uns richtig erschien. (Ich hatte eigentlich nur aus diesem Grund einer kirchlichen Trauung zugestimmt.) Damals arbeitete ich als Kameramann für eine Filmgesellschaft.

Im November hörte Catherine durch eine Cousine von dem Alpha-Kurs in der *Holy Trinity Brompton Church*. Sie wollte hingehen und ihn sich ansehen und machte die letzte Hälfte des laufenden Kurses mit. Sie war total begeistert. Ich dachte, dass sie sich vielleicht mit einer Sekte oder etwas Ähnlichem eingelassen hätte, und machte mir Sorgen. Da sie jedoch eigentlich sehr vernünftig ist, ließ ich sie gewähren und dachte, so schlimm könne es nicht sein. Trotzdem wollte ich nichts damit zu tun haben. Ich stritt häufig mit Catherine. Meine angeborene Abneigung gegen jede Art von Religion trat wieder zu Tage. Es kam schließlich so weit, dass sie den Kurs mir gegenüber nicht mehr erwähnte, weil sie wusste, ich würde dagegen sprechen.

Schließlich gelang es Catherine, ihre Cousine Madeleine mit ihrem Mann Con, ihren Bruder Michael, ihre Schwester Clare, ihre Schwester Anna und Annas Freund Tim zum folgenden Alpha-Kurs zu überreden, der im Januar 1993 begann. An jedem Mittwochabend zogen sie los, fuhren schließlich zu dem gemeinsamen Wochenende und kamen total begeistert zurück. Ich hielt das natürlich alles für Gefühlsduselei. Noch immer war ich sehr zynisch in Bezug auf diesen Kurs. Catherine ging sonntags zur Kirche und manchmal fragte sie mich, ob ich sie begleiten würde. Ich lehnte immer ab, bis ich dann endlich anfing, darüber nachzudenken. Catherine hatte sich so stark verändert.

Sie schien inneren Frieden gefunden zu haben. Ich dachte: Ich bin mit ihr verheiratet. Ich sollte das wirklich mal überprüfen, denn wenn ich es nicht tue, werde ich nie erfahren, ob ich irgendetwas verpasst habe. An einem Sonntagabend begleitete ich sie also zur *Holy Trinity Brompton Church* und beim ersten Besuch dachte ich: Du meine Güte, was für ein trauriger Haufen! Doch der Lobpreis beeindruckte mich. An diesem Sonntag leitete Ric Thorpe den Lobpreis und mit ihm konnte ich mich identifizieren. Er wirkte so normal. Jedesmal, wenn er auf die Bühne kam, sah er so aus, als würde er noch über einen Witz lachen, den ihm gerade jemand erzählt hatte. Ich dachte: Ich möchte wissen, worum es bei diesem Witz gegangen ist. Ich möchte wissen, warum er so glücklich wirkt. Und warum sind alle diese Leute so glücklich?

Dieser Eindruck war so stark, dass ich auch in der folgenden Woche mitkam. Catherine betete (natürlich erfuhr ich das erst später), der Heilige Geist möge mich während des Gottesdienstes berühren. Und so war es. Ich wusste damals nicht, was es gewesen war, aber ich fühlte, wie dieser unglaubliche Friede über mich kam. Während des Lobpreises brach ich in Tränen aus. Ich setzte mich, während alle anderen standen, und weinte, weinte mir die Augen aus dem Kopf und wusste nicht einmal, was in mir vorging. Ich war in Tränen aufgelöst. Ich konnte nicht aufhören. Ich spielte alles auf eine emotionale Ebene herunter und entschuldigte mich vor mir selbst, ich hätte mich mitreißen lassen. Noch immer war ich gegen die *Holy Trinity Brompton Church* eingenommen, doch ich beschloss, dem Alpha-Kurs eine Chance zu geben.

So ging ich zu dem ersten Alpha-Abend und war mit dem meisten, das ich über die historischen Beweise für die Existenz Jesu und die Bibel hörte, einverstanden. Ich dachte: Ja, das ist ganz in Ordnung. Ich glaube es nicht, daran ist nichts zu rütteln. Aber, dachte ich weiter, wenn ich von dem Ganzen etwas haben will, muss ich das mit jemandem durchsprechen und versuchen, vorher noch ein paar Dinge zu klären. Ich beschloss also, am nächsten Tag Nicky Gumbel anzurufen. Ich sagte mir: »Ich werde es zweimal versuchen und wenn es dann nicht klappt, dann war's das. Wenigstens habe ich es versucht.« Beim ersten Anruf war er gerade nicht da. Ich dachte: Das sieht gut aus. Beim zweiten Mal war er da und sagte: »Ja, kommen Sie doch heute Nachmittag um halb sechs vorbei.«

Am 6. Mai 1993 kam ich dann um halb sechs zu Nickys Haus. Wir gingen in den Garten und er sagte zu mir: »Erzählen Sie mir doch ein wenig von sich.« Und ich erzählte ihm meine Lebensgeschichte. Das Seltsame war, dass ich wirklich *alles* erzählte, was ich noch nie zuvor getan hatte. Ich war bei Psychiatern und Psychologen gewesen und hatte immer nur bruchstückhaft erzählt, was ich erlebt hatte, doch da saß ich nun in dem Garten in Clapham und alles sprudelte nur so aus mir heraus. Ich sprach erstaunlich frei und offen über meine Erlebnisse, was noch nie vorgekommen war. Nach etwa einer halben Stunde sagte er zu mir: »Möchten Sie beten?« Und ich antwortete: »Nein, eigentlich nicht«, weil ich das wirklich nicht wollte. Aber er erwiderte: »Ist gut. Sie brauchen nicht zu beten, aber ich werde beten.« Worauf ich sagte: »Gut. Machen Sie nur.« Er betete laut für mich und während er betete, dachte ich: Na gut, ich werde meine Augen schließen.

Und wieder erfüllte mich dieser unglaubliche Friede. Ich wusste, dass musste die überwältigende Gegenwart der Güte Gottes sein. Alles schien so sicher. Er betete weiter und nach einer Weile sagte er: »Ich spüre sehr stark die Gegenwart Gottes. Fühlen Sie sie auch?« Ich bejahte. Ich konnte es nicht fassen! Und er sagte: »Sehen Sie, ich habe in dem Buch ›Jesus!?‹ ein Gebet niedergeschrieben. Fühlen Sie sich jetzt in der Lage, dieses Gebet nachzusprechen?« Ich entgegnete: »Ja, ich glaube, ich bin jetzt soweit.« Alles deutete in diese Richtung. Es war ein Gebet, in dem ich mich von allem abwandte, was ich falsch gemacht hatte, und in dem ich Gott bat, in mein Leben zu kommen.

Nicky meinte, ich solle auch den Menschen vergeben, die mir Unrecht zugefügt hatten, also auch dem Mann, der mich vor Jahren missbraucht hatte. Das fiel mir sehr schwer. Die Vorstellung, ihm zu vergeben, war mir vollkommen fremd. Ich konnte es noch nicht ganz begreifen. Aber ich sagte, ich würde diesem Mann vergeben. Ich wiederholte es dreimal und jedesmal wurde meine Last leichter. Beim dritten Mal hatte ich das Gefühl zu schweben. Ich spürte, wie diese schwere Last mir abgenommen wurde, die mich nach unten gezogen hatte. Ich wusste, ich hatte diesem Menschen vergeben und Gott hatte mir vergeben. Lange Zeit hatte ich diese schreckliche Schuld mit mir herumgetragen. Es war einfach unglaublich!

Als ich meine Augen wieder öffnete, liefen mir Tränen die Wangen herunter und auch Nicky weinte. Er sagte, Gottes Handeln würde ihn immer wieder neu in Erstaunen versetzen, und ich meinte: »Da kann ich nur zustimmen.« Mit mir war etwas ganz Verblüffendes geschehen – etwas Mächtiges und absolut Einzigartiges. So etwas hatte ich nicht erlebt, als ich bei den Psychiatern in Behandlung war. Es gab keinen Vergleich. Es war eine vollkommene Reinigung. Vollkommene Vergebung übersteigt alles, was man in einem Buch findet, jede Theorie von Jung oder Freud oder so etwas. Im Vergleich zu Vergeben, Vergebung empfangen und dem Beginn einer Beziehung zu Jesus verblassen alle diese Theorien bis zur Bedeutungslosigkeit.

An diesem Abend sollte ein Freund zu uns zum Abendessen kommen, aber ich wollte Catherine doch erzählen, was passiert war. Als ich nach Hause kam, sah ich, wie unser Freund gerade den Wagen vor unserem Haus abstellte, rannte zur Tür hinein und rief Catherine zu: »Ich bin gerade bei Nicky Gumbel gewesen und habe eine Entscheidung für Jesus Christus gefällt.« Sie sagte: »Wie bitte?« Doch dann begriff sie, was ich sagen wollte, und freute sich. Es war einmalig.

Zufälligerweise war der Freund, der zum Abendessen kam, kein Kirchengänger. Doch er hatte gerade den Alpha-Kurs absolviert und half bei dem laufenden Kurs mit.

Am nächsten Tag erzählte ich meiner Mutter, was ich erlebt hatte, und nie habe ich sie glücklicher gesehen. Es war unglaublich. Sie betete schon seit langem für mich. Mit Tränen in den Augen fuhr ich vom Haus meiner Eltern weg. Unterwegs hörte ich Kassetten mit Lobpreis- und Anbetungsmusik. Ich hätte tatsächlich einen Scheibenwischer für meine Augen gebraucht. Darin standen unzählige Tränen der Freude und des Glücks – oh, ein unglaubliches Glück. Es war einfach großartig!

Mein Vater, ein eher traditioneller Katholik, spürte auch, dass ich ein einschneidendes Erlebnis gehabt hatte. Ich schrieb an meine Schwager und Schwägerinnen, die auch für mich gebetet hatten und sehr sehr glücklich waren. Am folgenden Sonntag bat Sandy Millar alle, die vom Heiligen Geist erfüllt werden wollten, nach vorne zu kommen. Ich ging und während für mich gebetet wurde, spürte ich, wie der Heilige Geist mich erfüllte. Ich hatte mich zuerst noch sehr verletzlich gefühlt, doch nachdem ich das Gefühl hatte, dass der Heilige Geist in mir war, dachte ich: Ich kann mit allem fertig werden. Ich besaß diese Kraft und diese Sicherheit.

Ich setzte den Alpha-Kurs fort und alles schien mir nun logisch zu sein. Alle meine pseudo-intellektuellen Argumente wurden hinfällig. Aller Zynismus verschwand. Es war unglaublich! Ich war glücklich! Die Beziehung zwischen Catherine und mir ist dadurch vollkommen umgekrempelt worden. Seit unserer Hochzeit haben wir noch ein paar andere Trauungen miterlebt und die Ehegelübde haben nun eine ganz andere Bedeutung für mich. Sie bedeuten mir so viel mehr. Wir versuchen, jeden Tag miteinander zu beten. Mit den Leuten, die ich in meinem ersten Alpha-Kurs kennen gelernt habe, treffen wir uns noch regelmäßig zum Gebet. Ich bete für den Mann, der mich als Kind missbraucht hat. Mir ist klar geworden, dass er offensichtlich ein einsamer, sehr verwirrter und trauriger Mensch ist. Für mich stellt er kein Problem mehr dar.

Das alles ist eine Gebetserhörung. Zu der Zeit, als Catherine ohne mich den Alpha-Kurs besuchte, hat sie sehr intensiv gebetet. Sie führte ein Gebetstagebuch und wir haben es uns gemeinsam angesehen. Dort stehen Dinge wie: »Gebetet, dass Martin in die Kirche geht.« Das ist passiert. »Gebetet, dass Martin an einem Alpha-Kurs teilnimmt.« Auch das ist eingetroffen. »Gebetet, dass Martin Christ wird.« Ebenfalls eingetroffen, genau wie viele andere Dinge auch!

Kapitel 5

Persönliche Begleitung

D ie ersten Worte Jesu zu Petrus waren laut Markus-Evangelium: »Kommt her, folgt mir nach! Ich werde euch zu Menschenfischern machen« (Mk 1,17). In seinem letzten Gespräch mit Petrus wiederholt Jesus diese Worte: »Folge mir nach« (Joh 21,19) – und er fügt hinzu, dass Petrus die »Schafe« und »Lämmer« weiden und sich ihrer annehmen soll. Daraus wird deutlich, dass an erster Stelle unsere Beziehung zu Jesus steht und an zweiter unsere Beziehung zu anderen Menschen.

In dem letzten Gespräch mit dem auferstandenen Jesus auf dieser Erde beteuerte Petrus dreimal, dass er Jesus liebt. Jedesmal fordert Jesus ihn daraufhin auf, sich um andere Menschen zu kümmern. Wenn wir Jesus lieben, werden wir dies zu unserer obersten Priorität in unserem Leben machen. Tatsächlich gehört dies dazu, wenn wir ihm folgen und sein Beispiel nachahmen wollen. Jesus hatte Mitleid mit den Menschen und verglich seinen Wunsch, für sie zu sorgen, einmal mit einer Henne, die für ihre Küken sorgt (vgl. Lk 13,34).

König David war ein Mann, der Erfahrung mit persönlicher Begleitung hatte, denn wie er früher als Hirte die Schafe gehütet hatte, war er später dann auch ein Hirte des Volkes Gottes. In den Psalmen heißt es von David: »Er sorgte als Hirt für sie mit lauterem Herzen und führte sie mit klugen Händen« (Ps 78,72). Wenn wir anderen Menschen als persönliche Begleiter zur Seite stehen wollen, müssen wir uns mit unseren *Herzen* und unseren *Händen* engagieren. Wir müssen mit »lauterem Herzen« dabei sein: Unsere Liebe für die Menschen und unsere Freundschaft für sie muss echt sein. Es darf kein Vortäuschen geben. Diese Liebe muss kombiniert sein mit »klugen Händen«. Es gibt Fertigkeiten, die gelernt werden können. Natürlich können wir uns in einem kurzen Kapitel nicht mit allem beschäftigen, was zur persönlichen Begleitung dazugehört. Ich möchte jedoch die allgemeinen Prinzipien nennen.

Der Apostel Paulus schrieb: »Ihn verkündigen wir; wir ermahnen jeden Menschen und belehren jeden mit aller Weisheit, um dadurch alle in der Gemeinschaft mit Christus vollkommen zu machen. Dafür kämpfe ich unter vielen Mühen; denn seine Kraft wirkt mit großer Macht in mir« (Kol 1,28-29).

Ziele

Das Ziel von Paulus war es, »alle in der Gemeinschaft mit Christus vollkommen zu machen« (Vers 28). In einigen Übersetzungen wird das Wort für »vollkommen« mit »reif« übersetzt. Vollkommenheit können wir in diesem Leben nicht erreichen, allerdings können wir als Christen in der Nachfolge Jesu reifer werden. Drei wichtige Dinge sind diesem Vers zu entnehmen.

Erstens: *Paulus geht es um alle.* Ein guter Pastor wird kein einziges seiner Schafe verlieren wollen. Das Ziel des Alpha-Kurses ist es, sich um jeden Einzelnen zu kümmern, darum werden auch für jede Gruppe zwei Leiter und zwei Helfer eingesetzt. Dahinter steht der Gedanke, dass die Leiter und Helfer für jeden der Teilnehmer Verantwortung übernehmen. Dies ist ein flexibles und sehr entspanntes System, aber das klare Ziel ist es, dass man sich um jeden Einzelnen in der Gruppe kümmert und für ihn betet.

Dieses System der persönlichen Fürsorge ist vermutlich der wichtigste Aspekt von Alpha. Ich persönlich verdanke dem Mann, der mir zu Beginn meines Lebens als Christ ganz individuell geholfen hat, sehr viel. Er hat mir seine Zeit geopfert, um meine Fragen zu beantworten, mir den christlichen Glauben zu erklären und mir Rat, Hilfe und seine Freundschaft zu geben. Es hat mir immer Spaß gemacht, mit ihm zusammen zu sein: Die Gespräche mit ihm waren sogar der Höhepunkt meiner Woche; er hat mir geholfen, die Grundlagen meines Lebens als Christ zu legen.

Eine solch gute Fürsorge muss auf die Bedürfnisse der Menschen eingehen. Predigt und Lehre sind vergleichbar mit einem Eimer voller Wasser, der über leeren Flaschen ausgeleert wird, während die persönliche Fürsorge viel eher die leeren Flaschen einzeln zu füllen vermag. Sie ist nicht nur die effektivste Methode, sie ist auch eine Form des christlichen Dienstes, den jeder verrichten kann, da keine besonderen rhetorischen Fähigkeiten oder Leiterschaftsgaben notwendig sind.

Juan Carlos Ortiz berichtete von einer alten Dame in seinem Heimatland Argentinien. Diese erzählte ihm, dass sie sechs Kinder und sechsunddreißig Enkelkinder habe. Dies war eine beeindruckende Zahl und unter ihren Enkeln befanden sich viele gebildete und beruflich erfolgreiche Leute. Ortiz fragte sie: »Wie haben Sie es geschafft, eine so große, gut geratene, gut gekleidete und gebildete Familie großzuziehen?« Sie erwiderte: »Das habe ich ja gar nicht. Ich habe mich nur um meine sechs gekümmert und jeder von ihnen hat sich um seine sechs gekümmert.«[21]

Es kann unter Umständen geschehen, dass Pastoren den Einfluss überschätzen, den eine Predigt auf die Zuhörer haben kann. Bill Hybels und Don Cousins, die Leiter der 19 000 Mitglieder umfassenden *Willow Creek Community*-Gemeinde in der Nähe von Chicago, sind zu der Erkenntnis gelangt, dass Predigten allein die Menschen nicht darauf vorbereiten, ein effektives Leben als Christ zu führen. Hybels sagte, jeder strategisch wichtige Schritt, den er unternommen, und jede wichtige Entscheidung, die er getroffen habe, sei von einem Menschen inspiriert und unterstützt worden, der einen Meter von ihm entfernt gestanden habe, und nicht in einer Menge von 1000 Menschen. »Angewendete Wahrheit am runden Tisch« ist der Schlüssel zu seinem persönlichen Wachstum gewesen.

Zweitens: *Das Ziel bei der persönlichen seelsorgerlichen Fürsorge ist die geistliche Reife.* Natürlich kann dies nicht über Nacht geschehen oder während eines zehnwöchigen Kurses. Das Ziel der Leiter und Helfer ist es, den Teilnehmern über die ersten Phasen hinwegzuhelfen und sie dann in eine Gruppe innerhalb der Gemeinde zu integrieren, in der sie weiter wachsen und reifen können.

Die Gruppen in den Alpha-Kursen sind von Anfang an auf dieses Ziel ausgerichtet. Darum sollte idealerweise das Leitungsteam jeder Kleingruppe aus demselben Hauskreis kommen und mindestens einer der Leiter oder Helfer sollte mit der Gruppe zu diesem Hauskreis zurückgehen und dabei mithelfen, die neuen Mitglieder vorzustellen und zu integrieren.

Drittens: *Das Ziel von Paulus ist die Reife als Christ.* Wir wollen die Menschen nicht an uns selbst binden, sondern an Christus. Gute Eltern fördern die Unabhängigkeit ihrer Kinder. Zwar füttern sie ihre Kinder zuerst, doch bringen sie ihnen so schnell wie möglich bei, selbstständig zu essen. Wir müssen uns vor jeder ungesunden Abhängigkeit von uns in Acht nehmen und den Menschen helfen, von Christus abhängig zu werden.

Unser Ziel ist es, dass jede Person, die an einem Alpha-Kurs teilnimmt, zur geistlichen Reife als Christ kommt. Natürlich kommt es auch immer vor, dass eine Reihe von Menschen wieder aussteigen. Unsere Statistiken zeigen, dass etwa zwanzig Prozent der Leute den Kurs nicht beenden. Die Hälfte dieser Menschen hat einen guten Grund dafür, zum Beispiel einen Umzug.

Einige kommen nach dem ersten Abend nicht mehr wieder und häufig kennen wir den Grund dafür nicht. Andere kommen nicht mehr, weil ihnen die Lehre nicht gefällt – zum Beispiel unsere Einstellung zu Sex vor der Ehe. Wieder andere merken, dass ihre Freunde über sie lachen, weil sie zur Kirche gehen. Für sie ist das Grund genug, einfach wegzubleiben. Und bei manchen sind es auch »die Sorgen der Welt, der trügerische Reichtum und die Gier nach all den anderen Dingen« (Mk 4,19).

Wie in dem Gleichnis vom Sämann ist das Wort auf guten Boden »bei denen gesät, die es hören und aufnehmen und Frucht bringen, dreißigfach, ja sechzigfach und hundertfach« (Mk 4,20). Darum stellen wir fest, dass trotz der Menschen, die aussteigen, der nächste Kurs größer ist als der vorangegangene.

Vorgehensweise

Paulus' Methode war es, den Menschen das zu verkündigen, was Jesus für sie getan hat. Er schrieb: »Ihn verkündigen wir; wir ermahnen jeden Menschen und belehren jeden mit aller Weisheit« (Kol 1,28). Jesus Christus ist der Schlüssel zu geistlicher Reife. Wir wachsen in der Reife in demselben Maß, wie unser Wissen und unsere Beziehung zu ihm wachsen.

Viele von denen, die zu den Alpha-Kursen kommen, sind noch keine Christen. Das Ziel ist es, sie zu Christus zu führen. Manche Kursteilnehmer finden während eines Kursabends zum Glauben an Christus, manchmal auch, wenn sie ganz alleine sind. Aber jeder Leiter und Helfer sollte wissen, wie er einen Menschen in die Beziehung zu Jesus führen kann. »Jesus!?« ist ein Büchlein, das wir als Hilfsmittel empfehlen. Ich selbst verwende es, wenn ich Nichtchristen den christlichen Glauben erkläre und sie dann ermutige, das im Buch aufgeführte Gebet zu sprechen. Manchmal wollen sie es allein für sich selbst beten, häufiger aber ziehen sie es vor, wenn sie es laut mit jemandem zusammen beten können (vgl. die Geschichte von Martin Bennett in Kapitel 4).

Nachdem die Menschen Christus als ihren Herrn und Erlöser in ihr Leben aufgenommen haben, ist es überaus wichtig, ihnen Mut zu machen, in der Beziehung zu wachsen. Der Schlüssel hierfür sind Bibellesen und Gebet. Wir müssen ihnen zeigen, wie man in der Bibel liest und betet. Natürlich können wir praktische Hilfestellung in Bezug auf die Bibelübersetzung und geeignete Sekundärliteratur geben. Und es ist angebracht zu erklären, dass das Bibellesen kein Selbstzweck in sich ist, sondern ein Mittel, eine Beziehung zu Jesus Christus zu erleben (Joh 5,39-30).

Nicht nur die Bibel, auch christliche Literatur kann eine große Hilfe sein. Wir machen den Menschen Mut, eine ausgewogene Mischung an Sachbüchern, Biografien und Andachtsbüchern zu lesen. Manche sind keine begeisterten Leser und

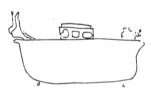

hören lieber Kassetten der Alpha-Vorträge und über andere Themen. Viele erzählen uns, dass sie sich auf dem Weg zur Arbeit oder bei der Hausarbeit diese Kassetten anhören und dadurch im Glauben gestärkt werden.

Um ein reifer Christ zu werden, müssen die Menschen in ihren Beziehungen innerhalb der Gemeinde Christi wachsen. Die Kleingruppe ist der ideale Ort, um mit der Entwicklung solcher Freundschaften zu beginnen. Während der wöchentlichen Treffen entstehen automatisch intensivere Beziehungen.

Wir können diesen Prozess fördern, indem wir im Anfangs-
stadium als Katalysator für Diskussionen fungieren, wenn die
Leute sich noch nicht so gut kennen. Später, wenn sie dann in
die Gemeinde kommen, kann es hilfreich sein, dass sich die
Gruppenmitglieder zueinander setzen. Eine gute Möglichkeit
ist es auch, Fahrgemeinschaften zu bilden, wenn einige in der
unmittelbaren Nachbarschaft wohnen. Das hilft sowohl denen, die andere mitnehmen, als auch denen, die mitgenommen werden, regelmäßig in den Gottesdienst zu kommen.

Einstellung

Drei Prinzipien sind nach unserer Überzeugung von großer
Bedeutung, wenn wir den Teilnehmern der Alpha-Kurse helfen wollen, zur geistlichen Reife als Christen zu kommen:

Ermutigung

Nach seiner Umkehr zu Christus wurde Paulus von Barnabas
sehr ermutigt. Danach hat auch er vielen anderen immer wieder Mut gemacht (vgl. Apg 16,40; 20,1-2). Er forderte die
Christen auf: »Tröstet und ermahnt einander, und einer richte
den anderen auf« (1 Thess 5,11).

In unserer Gesellschaft wird sehr oft negative Kritik ge-
übt, die viel zu schnell zu Unsicherheit und Verzagtheit führt.
In einer Atmosphäre der Kritik schrumpfen Menschen emotional zusammen, während sie in einer Atmosphäre der Liebe
und Ermutigung aufblühen. Wir müssen den Suchenden und
neuen Christen mit Wärme und Herzlichkeit begegnen.

Zuhören

Im Brief des Jakobus lesen wir: »Jeder Mensch soll schnell bereit sein zu hören, aber zurückhaltend im Reden […]« (Jak 1,19). Die Aufgabe des Leitungsteams eines Alpha-Kurses ist es, den Teilnehmern zu helfen, aus sich herauszugehen, und ihnen zuzuhören. Wir sollten echtes Interesse an ihnen zeigen und ihnen Mut machen, über sich selbst zu sprechen. Wenn die Gäste Vorstellungen haben, die dem christlichen Glauben zuwiderlaufen, sollten wir sie nicht zu schnell korrigieren. Zuerst sollten wir zuhören, versuchen zu verstehen, was den anderen zu dieser Überzeugung bringt, und Respekt für die Menschen zu zeigen, auch wenn wir mit ihren Vorstellungen überhaupt nicht einverstanden sind. Wenn sie den Punkt erreichen, an dem sie so interessiert und fasziniert sind, dass sie uns nach unserer Meinung fragen, werden sie dem, was wir zu sagen haben, sehr viel mehr Aufmerksamkeit schenken.

Friedensstifter sein

Jesus hat gesagt: »Selig, die Frieden stiften« (Mt 5,9). Wichtig ist, dass das Leitungsteam eines Alpha-Kurses freundlich und höflich reagiert und Konflikte und Auseinandersetzungen möglichst meidet.

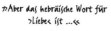

»Aber das hebräische Wort für ›Liebe‹ ist ...«

Menschen werden sich im Großen und Ganzen nicht überzeugen lassen, wenn sie in ein Streitgespräch verwickelt werden, vor allem, wenn es vor den Augen der anderen Gruppenmitgliedern stattfindet. Sie werden dazu neigen, auf ihrem Standpunkt zu beharren, wodurch es ihnen später, wenn sie ihre Position gern korrigieren würden, sehr viel schwerer fallen wird, dies zu tun. Man kann leicht ein Streitgespräch gewinnen und dadurch einen Menschen »verlieren«. Wenn der Leiter merkt, dass sich die Diskussion zu einem Streitgespräch ausweitet, sollte er versuchen, die Differenzen aus dem Weg zu räumen und die Spannungen abzubauen, indem er diplomatisch nach den Gründen für diese Differenzen forscht. In der Regel werden beide Parteien nicht völlig im Recht oder Unrecht sein und der Leiter könnte sagen: »Steckt nicht in beiden Ansichten ein Körnchen Wahrheit? Fred hat Recht, wenn er sagt ... und Georg hat auch Recht, wenn er sagt ...« Dann fühlen sich beide, Fred und Georg bestätigt und das Streitgespräch ist gewöhnlich beendet. Natürlich geht es um die Wahrheit, aber die Wahrheit muss in Liebe ausgesprochen werden und wir sollten sehr vorsichtig sein, dass »die Wahrheit sagen« nicht als Entschuldigung für einen Zusammenstoß verschiedener Persönlichkeiten, als Ausdruck von Wut oder ein falsches Ausüben von Autorität gebraucht wird.

Hingabe

In seinem Brief an die Gemeinde in Kolossä schrieb Paulus: »Dafür kämpfe ich unter vielen Mühen; denn seine Kraft wirkt mit großer Macht in mir« (Kol 1,29). Paulus' Tätigkeit als persönlicher Begleiter war gekennzeichnet durch die Ausgewogenheit zwischen der Gnade Gottes und der eigenen Verantwortung. In unserer persönlichen Begleitung sollte dieselbe Ausgewogenheit zu finden sein. In jedem effektiven christlichen Dienst gibt es ein Element der bewussten Zielsetzung bzw. einer zielgerichteten Willensentscheidung und des Abmühens.

Einen Alpha-Kurs zu leiten erfordert viel harte Arbeit. Auch ein hohes Maß an Hingabe ist notwendig. Es ist unwahrscheinlich, dass die Gäste der Alpha-Kurse ein höheres Maß an Hingabe erreichen als die Leiter und Helfer ihrer Gruppe, denn wenn das Leitungsteam nicht regelmäßig teilnimmt, werden die Teilnehmer es vermutlich auch nicht tun. Ich bitte die Leiter und Helfer, sich die Abende für die Trainingskurse und die zehn Mittwochabende freizuhalten, an denen der Kurs stattfindet, sowie die Termine für den großen Abschlussabend und das Alpha-Wochenende. Natürlich wird es immer einmal vorkommen, dass jemand kurzfristig durch eine Reise, seine Arbeit oder eine Krankheit verhindert ist. Aber ich bitte die Leiter, diesem Kurs dieselbe Priorität einzuräumen wie ihrer Arbeit.

Diese Hingabe ist notwendig, weil es Zeiten geben wird, in denen es große Mühe kostet, zu dem Kursabend zu gehen und manchmal bis spät in der Nacht mit den Teilnehmern zu sprechen. Es kostet Mühe, sich auf neue Leute einzulassen, anstatt mit Freunden zu plaudern. Ich bitte die Leiter und Helfer, zu beten und sich intensiv auf die Abende vorzubereiten, damit sie sich an dem betreffenden Abend dann auch wirklich mit ganzer Kraft auf die Gäste konzentrieren können. Dieser Einsatz garantiert einen sehr langen Abend.

Doch wichtiger noch als alles andere ist die Bereitschaft zu beten. Wir bitten das Team, an jedem Mittwochabend, wenn irgend möglich bereits um 18.15 Uhr zum Gebet zusammenzukommen. Wir bitten sie auch, in ihrer persönlichen Gebetszeit regelmäßig für alle Bereiche des Alpha-Kurses zu beten: den Lobpreis, die Vorträge, den Dienst und die Organisation sowie für alle Mitglieder ihrer Gruppe.

Die andere Seite ist die Gnade Gottes. Wir »mühen uns« und »kämpfen« nicht allein. Wir tun dies, weil »seine Kraft […] mit großer Macht« in uns wirkt (Kol 1,29). Wir brauchen seine Hilfe und seine Kraft für jede einzelne Aufgabe. Als die Jünger die Menschen auswählten, die bei den Tischen bedienen sollten, suchten auch sie Leute »voll Geist und Weisheit« (Apg 6,3).

Ich mache dem Team Mut, sich von Gott beschenken zu lassen, sowohl vor dem Gebetstreffen als auch während des regulären Kursabends, wenn sie sich am Lobpreis beteiligen und den Vortrag anhören. Auch wenn sie den Vortrag bereits einige Male gehört haben, kann Gott ihnen etwas Neues und Wichtiges in ihrem Leben zeigen. Immer wieder ermutige ich sie, Gott zu bitten, sie mit seinem Geist zu erfüllen und ihnen all die Gaben zu geben, die sie brauchen: Evangelisation, Lehre, Hirtenamt und Prophetie (das heißt, die Fähigkeit zu hören, was Gott in einer bestimmten Situation sagt, und es an andere weiterzugeben).

Diese individuelle persönliche Begleitung ist einer der aufregendsten Aspekte von Alpha. Die Teammitglieder erzählen faszinierende Geschichten von dem, was sie persönlich im Laufe des Kurses erlebt haben. Es ist nicht nur ihr eigenes Leben verändert worden. Durch ihren Dienst haben sie auch einem anderen, befreundeten Mitglied des Teams ein großer Segen sein können. Es gibt keine größere Freude, als einen Menschen zu Christus zu führen und zu beobachten, wie dieser Mensch im Glauben wächst!

Der bekannte Evangelist des neunzehnten Jahrhunderts, R. A. Torrey, schrieb zum Thema »persönliche Begleitung«, dass seiner Meinung nach die Gemeinde »eine große Erweckung erleben könnte«, deren Mitglieder die Verantwortung und das Privileg der persönlichen Begleitung erkennen und praktizieren und jedes Mitglied in der Kraft des Heiligen Geistes wirken würde. »Dies ist eine Arbeit, die nur wenig Applaus von Menschen bekommt, aber Großes für Gott bewirkt.«[22]

Kapitel 6

Die Geschichte von Mary Stevenson

Mary Stevensons Mutter betete ihr Leben lang, dass ihre Tochter zum Glauben an Jesus Christus finden möge. Sie musste mit ansehen, wie Mary drogensüchtig, zur Diebin wurde und schließlich im *Holloway*-Gefängnis endete, doch sie gab das Beten nicht auf. 1987 starb sie. In ihrer Geschichte beschreibt Mary, wie die Gebete ihrer Mutter schließlich beantwortet wurden.

Als ich sechs Wochen alt war, wurde ich durch die *Catholic Children's Adoption Society* an eine gute Familie vermittelt. Mein Adoptivvater war Diplomat, meine Adoptivmutter Amerikanerin. Sie war eine fromme Katholikin und betete täglich für mich. Ich bin fest davon überzeugt, dass ich durch ihre Gebete dorthin kam, wo ich heute bin. Aufgewachsen bin ich in Südamerika. Als ich zehn Jahre alt war, wurde ich nach England in ein Internat geschickt. Dort wurde ich sehr selbstständig. Internate sind nicht wie andere Schulen, von denen man nachmittags nach Hause zurückkehrt und seiner Mutter alles erzählen kann. Ich lernte dort, mit meinen Problemen allein fertig zu werden, denn manchmal sah ich meine Eltern monatelang nicht.

Als ich siebzehn war, machte ich das Abitur. Weil ich das Neue Testament nicht gelesen hatte, fiel ich in Religion durch. Rückblickend scheint mir, als hätte Gott oftmals seine Hand nach mir ausgestreckt. Aber ich ignorierte ihn völlig, weil ich es nicht bemerkte. Niemand hatte mir erklärt, was es mit Gott auf sich hat.

Als meine Schulzeit zu Ende war, zog ich nach London. Ich mischte mich unter Leute, die ich toll fand, und ließ keine Party aus. Bei einer solchen Gelegenheit gab mir jemand *Smack* und sagte:»Hier, das musst du durch die Nase einziehen. Es ist fabelhaft.« Ich tat es und fühlte mich wundervoll. Ich weiß noch, dass ich auch zu einer Freundin sagte:»Du musst das unbedingt probieren. Es ist unwahrscheinlich gut.« Sie antwortete:»Mary! Smack ist Heroin.« Ich antwortete: »Du bist ja dumm.« Wenn mir jemand eine Injektionsspritze in die Hand gedrückt und gesagt hätte:»Hier, versuch das mal«, hätte ich wahrscheinlich geantwortet:»Keine zehn Pferde bringen mich dazu«, denn ich dachte, dass Heroin, Spritzen, Fixer und der *Piccadilly Circus* alles ein und dasselbe wären. Aber dieses angeblich harmlose Pulver schnüffelte ich und fühlte mich herrlich. Ich wusste nicht, warum man so ein Aufhebens davon machte.

Innerhalb kürzester Zeit wurde ich jedoch drogensüchtig und lebte die folgenden sechs oder sieben Jahre ein Leben voller Betrug, Lügen, Prostitution und Misshandlung. Und das nur, weil meine Freunde es auch taten. Zuerst kaufte ich die Drogen von ihnen, geriet aber nach einer Weile an Dealer und wurde nun richtig in die Geschichte verwickelt. Weil ich immer irgendeinen Job hatte, dachte ich, dass ich keine Probleme hätte. Damals arbeitete ich gerade als Sekretärin und war der Überzeugung:»Alle meine Freunde, die Fixer sind, arbeiten nicht. Also kann es mit mir ja nicht so schlimm sein. Schließlich arbeite ich.«

Trotzdem brauchte ich morgens meinen Schuss, um aufstehen zu können, und einen mittags und abends einen weiteren. Ich ging zur Arbeit und bemerkte nicht, in welcher Verfassung ich war.

Ich glaube, mein Bruder, der Medizin studierte, merkte etwas, aber ich machte mir vor, dass mein Leben normal war.

Meine Eltern waren im Ausland, deshalb wussten sie nicht wirklich Bescheid. Weil ich nie Geld hatte, fuhr ich nicht nach Hause. Mitunter bezahlten meine Eltern die Reise. Dann wurde ich jedesmal richtig krank, weil ich Entzugserscheinungen bekam. Ich weiß, dass meine Mutter dachte, ich hätte rheumatisches Fieber, weil mir der ganze Körper weh tat und es aussah, als hätte ich Schüttelfrost. Jedesmal, wenn das passierte, schwor ich mir, das Zeug nie wieder anzurühren, und jedesmal, wenn ich meine Wohnung in London betrat, gab ich mir sofort wieder einen Schuss.

Ich wurde immer unehrlicher und begann, Schecks zu fälschen und andere Dinge zu stehlen. Es war nicht zu vermeiden, dass man mich erwischte. Bei meinem ersten Gerichtstermin setzte mein Vater seine Karriere aufs Spiel, indem er sich vor Gericht für mich einsetzte. Unglücklicherweise bekam die Presse davon Wind. Ich war ja nur ein kleiner Niemand, aber mein Vater war damals Botschafter in einem anderen Land. Meinen Eltern brach das Herz. Obwohl sie keine Schuld traf, machten sie sich Vorwürfe. Ich versicherte ihnen: »Macht euch keine Sorgen, ich werde mich jetzt zusammenreißen.« Aber sobald sie abgereist waren, begann alles wieder von Neuem.

Ich fing an, für die Dealer zu arbeiten. Diese besorgten sich gestohlene Scheckbücher und Bankkarten. Wenn diese einer Frau gehörten, schickten sie mich los, damit ich die Gegenstände kaufte, die sie haben wollten. Oft schickten sie mich auch zur Bank, damit ich ihnen Bargeld besorgte, und gaben mir im Austausch Drogen dafür. Als man mich beim Stehlen ertappte, wanderte ich ins *Holloway*-Gefängnis.

Im Gefängnis war es fürchterlich. Noch nie hatte ich solche Angst gehabt. Es war nicht zu fassen, was sich dort alles abspielte. Ich war froh, dass ich nur sechs Wochen in Haft war.

Unter der Bedingung, dass ich zum Entzug in eine Klinik ging, wurde ich auf Bewährung entlassen. Als meine Eltern mich dorthin brachten, fragte meine Mutter den Direktor: »Wo finde ich den nächsten katholischen Pfarrer? Ich möchte mich mit ihm in Verbindung setzen, damit er weiß, dass Mary hier ist.« Der Direktor antwortete: »Hören Sie, meine Dame. Ihre Tochter ist hier, damit sie vom Heroin loskommt. Lassen Sie die Religion aus dem Spiel.« Ich weiß noch, dass ich zu meiner Mutter sagte: »Wann begreifst du es endlich? Wenn es wirklich einen Gott gäbe, meinst du nicht, dass er deine Gebete längst beantwortet hätte?« Aber sie ließ sich nicht beirren und betete weiter für mich.

Meine Eltern flogen zurück nach Kanada, wo sie zu dieser Zeit lebten, und ich verbrachte ein Jahr in der Klinik. Das war 1984. Wir waren etwa sechzig Patienten. Man brachte uns dazu, das Ausmaß an Verzweiflung und Sorgen zu erkennen, das wir anderen Menschen verursacht hatten. Die Methoden waren jedoch merkwürdig. Einmal versuchte ich auszurücken. Danach musste ich in einem blauen Arbeitsanzug herumlaufen und niemand sprach mit mir. Ich musste beim Essen verkehrt herum am Tisch sitzen und den Swimmingpool mit einer Tasse Wasser und einer Zahnbürste saubermachen. Ich konnte nicht verstehen, dass man ernsthaft glaubte, wir würden durch diese Behandlung von Drogen loskommen. Man beabsichtigte wohl nur, uns zu erniedrigen.

Unglücklicherweise litt meine Mutter am meisten unter meinem Verhalten. Jahre zuvor hatte man bei ihr Krebs festgestellt. Durch den ganzen Stress und die seelische Erschütterung kam die Krankheit wieder voll zum Ausbruch. Ich weiß, dass meine Familie mir zum Teil die Schuld dafür gab.

Sobald ich aus der Klinik entlassen war, nahm ich wieder Heroin, denn meine Einstellung zu Drogen hatte man nicht geändert. Ich war dazu gezwungen worden, in die Klinik zu gehen, und solange man sich nicht selbst dazu entscheidet, wird man nie geheilt. Schließlich kam ich wieder auf die Beine, fand gute Anstellungen und reiste ziemlich viel. Ich fand sogar ohne die Hilfe meiner Eltern einen ganz wunderbaren Job in Vancouver, wo auch diese wohnten. Meine Mutter lag im Sterben und so beschloss ich, bei ihnen zu wohnen, damit ich bei ihr sein konnte. Langsam begann ich, mich wieder wie ein Mensch zu fühlen.

Als meine Mutter 1987 starb, war ich bei ihr. Sie starb ganz friedlich, denn sie hatte einen ungeheuer starken Glauben. Kurz vor ihrem Tod bat sie mich noch, in die Kirche – und noch dazu in eine katholische Kirche – zu gehen. Ich dachte, sie sei nicht ganz bei Trost.

Zwar fand ich auch weiterhin gute Arbeitsstellen, aber irgendetwas war noch immer nicht in Ordnung. Ich war der Meinung, dass ich großartige Beziehungen mit Männern hatte, doch etwas fehlte mir. Meine älteste Freundin Daphne war vor ein paar Jahren »religiös« geworden und wollte, dass ich mit ihr zur Kirche ging. Ich antwortete: »Hör bloß auf damit, Daphne!« Zwar konnte ich sehen, dass der Glaube eine enorme Veränderung in Daphnes Leben bewirkt hatte, aber ich war der Überzeugung, dass das nichts für mich war.

Eines Abends war ich mit einer Clique ausgegangen und hatte mich total betrunken. Es war fürchterlich, denn ich fühlte, dass mich wieder dieses Vergessen übermannte. Mir wurde bewusst, dass ich nicht glücklich war, und bevor ich zur Arbeit ging, telefonierte ich weinend mit Daphne. Sie kam sofort und meinte: »Komm, Mary, lass uns beten.« Während ich ununterbrochen weinte, beteten wir. In dem Moment war ich zu allem bereit. Dann sagte sie: »Warum nimmst du nicht an einem Alpha-Kurs teil?«

Ich ging mit ihr zur Kirche, aber ich hasste es. Deshalb sagte ich Daphne, wo sie sich den Alpha-Kurs hinstecken

könne. Aber sie antwortete lediglich: »Hör mal, Mary. Im
April helfe ich in einer anderen Kirche bei einem dieser Kur-
se. Warum machst du nicht dort mit? Dann bin ich auch da.«
Ich entgegnete lediglich ausweichend: »Ich weiß nicht …«
Aber sie bat: »Bitte, bitte, Mary, versuche es doch wenigs-
tens.« Das war der Alpha-Kurs in der *Holy Trinity Brompton
Church* im April 1993.

Ich ging hin. Als alle zu singen begannen, war ich innerlich sehr bewegt. Ich fand eine Wärme und Aufrichtigkeit
unter den Menschen, die ich noch nie vorher erlebt hatte. Sie
nahmen wirklich Anteil. Während ich den Sprechern zuhörte,
schienen mir die Dinge plötzlich klar zu werden. Mark und
Tamsin Carter, die Gruppenleiter, sind inzwischen zwei meiner engsten Freunde.

Bei dem ersten Treffen sagte Mark: »Wofür wollen wir
beten? Lasst uns alle für etwas beten und dann sehen wir, was
sich während des Kurses ereignet.« Ich war ziemlich egois-
tisch und dachte: Na gut, ich brauche ein paar handfeste Beweise. Deshalb sagte ich, dass ich für mehr Verkäufe in meiner Galerie beten wolle, denn das Geschäft war sehr flau. (Ich
arbeitete damals in einer Galerie, in der Skulpturen verkauft
wurden.) »Gut, das können wir machen«, sagte er, »sonst
noch was?« Ein wenig schnippisch sagte ich: »Betet dafür,
dass ich in der nächsten Woche wiederkomme.«

In der darauf folgenden Woche verkaufte ich Skulpturen
für 85 000 Pfund, meinte aber, dass es ein Zufall sei. Dann
ging ich wieder zum Treffen, weil ich dachte, dass ich ihnen
von dem Verkauf berichten müsste.

Von da an ging ich zu allen Treffen und bald kam das Wochenende, das die Gruppe zusammen verbrachte und an dem
sie sich mit dem Heiligen Geist beschäftigte. Ich war mir
nicht sicher, ob ich ein ganzes Wochenende nur mit Christen
verbringen wollte. Aber es wurde für mich zu einem überaus

starken Erlebnis. Kurz nachdem die erste Rede begonnen hatte, war ich in Tränen aufgelöst. Ich schluchzte, dass es mich
nur so schüttelte. Es war ein sehr starkes Gefühl, aber ich
fühlte mich sicher und geborgen. Es lässt sich mit nichts von
dem vergleichen, was ich früher erlebt habe. Ich war so an
meine Unehrlichkeit gewöhnt, dass ich auch von anderen das
Gleiche erwartete. Doch es war wundervoll. Ganz ohne Zweifel begann Gott, in meinem Leben aufzuräumen.

James Odgers, der das Wochenende leitete, bat am Sonntagmorgen den Heiligen Geist, zu uns zu kommen. Er sagte:
»Alle, die Jesus Christus in ihrem Leben haben möchten, können mir das folgende Gebet nachsprechen.« Er sprach ein
kurzes Gebet, das ich ihm nachbetete. Ich sagte es wirklich!
Ich bat Gott, in mein Leben zu kommen und es in Ordnung zu
bringen. Und so geschah es. Er kam in mein Leben, aber ich
fühlte mich sehr unwürdig. Erst einige Zeit später, bei einem
Sonntagsgottesdienst, fühlte ich, dass mir vergeben worden
war. Alle Anwesenden sahen meine Tränen, aber das machte
mir nichts aus. Ich durfte vor ihnen zeigen, was ich fühlte.
Gott hat mein Leben völlig verändert und mir so das wunder-
barste Zeichen seiner Liebe gegeben.

Vor kurzem zog ich nach Kensington. Als ich eines Tages
von der Arbeit nach Hause ging, bemerkte ich, dass einer
Frau die Einkäufe aus der Hand gefallen waren, und half ihr
beim Einsammeln. Als ich aufblickte, sah ich ein Schild, auf
dem stand: *Catholic Children's Adoption Society*. Obwohl ich
in derselben Straße wohnte, war es mir nie aufgefallen. Sofort
rief ich meinen Vater an und fragte: »Papa, habt ihr mich von
der ›Catholic Children's Adoption Society‹ in St. Charles
Square bekommen?« – »Ja, das stimmt,« antwortete er. Danach fuhr ich mit meinem Mofa immer wieder daran vorbei
und dachte: Gott hat wirklich allen Schmutz aus meinem
Leben entfernt. Er hat mich hierhin zurückgebracht, damit ich
mein Leben noch einmal beginnen kann. Es war, als sagte

Gott: »Vor über dreißig Jahren hast du dein Leben hier begonnen und den falschen Weg eingeschlagen. Jetzt gebe ich dir dein Leben noch einmal.«

Er hat es mir gegeben und ich habe es ihm zurückgegeben. Es stimmt, was in der Bibel steht, dass Gott zurückgeben wird, was die Heuschrecken fraßen.

Bei einigen Menschen, denen ich weh getan habe, werde ich es nie wieder gutmachen können. Einer von ihnen ist meine Mutter. Aber ich bin sicher, dass sie jetzt im Himmel vor Freude Purzelbäume schlägt. Ich bin mit einem Mal so zufrieden. Früher habe ich nie geweint. Jetzt weine ich oft in der Kirche, und zwar, weil ich weiß, dass immer jemand bei mir ist. Selbst wenn ich allein zu Hause bin und weine, weiß ich, dass ich nicht mehr allein bin, weil Gott bei mir ist. Das ist ein starker Trost für mich. Neulich dachte ich daran, dass ich nachts immer Heroin auf dem Nachttisch hatte, dass ich vor dem Einschlafen eine Spritze brauchte und die nächste fertig machte, damit ich sie mir gleich morgens geben konnte. Diesen Platz hat jetzt die Bibel eingenommen. Und die Bibel ist mir wichtiger, als Heroin mir je gewesen ist. Meine Heroinabhängigkeit ist durch eine leidenschaftliche Liebe zu Jesus Christus ersetzt worden.

Kapitel 7

Kleingruppen leiten

John, ein junger Mann Anfang dreißig, der für eine Fernsehgesellschaft arbeitete, kam mit seiner Frau Tania zu einem Alpha-Abschlussfest am Ende eines Kurses. Tania beschloss, den nächsten Kurs mitzumachen, aber John erklärte sich nur sehr widerstrebend dazu bereit. Er hielt sich in den Gruppendiskussionen zurück, abgesehen von einigen wenigen, recht negativen Bemerkungen. An dem gemeinsamen Wochenende verließ er eine der Sitzungen und verkündete seiner Frau, sie würden abreisen. Sie war an diesem Wochenende zum Glauben an Jesus Christus gekommen und daher sehr enttäuscht. Trotzdem war sie bereit, ihn zu begleiten. Auf dem Heimweg erklärte er ihr, er würde den Alpha-Kurs aufgeben. Ich hatte an diesem Wochenende nicht teilgenommen, doch Tania erzählte mir am folgenden Sonntag von Johns Entscheidung. Darum war ich an dem nachfolgenden Mittwoch sehr erstaunt, als ich ihn durch die Tür kommen sah. Später am Abend, als wir uns in den Kleingruppen unterhielten, berichtete jeder der Gruppenteilnehmer, was er an dem gemeinsamen Wochenende erlebt hatte. Als John an die Reihe kam, erzählte er, was passiert war. Natürlich fragte ich ihn, warum er zurückgekommen sei. Er sah sich in der Gruppe um und sagte einfach: »Ich habe euch vermisst.«

In Johns Fall war es die Kleingruppe, die ihn veranlasste, zum Alpha-Kurs zu kommen. Später nahm er Jesus Christus als Herrn und Erlöser in sein Leben auf und er und seine Frau arbeiten nun sehr intensiv in der Gemeinde mit. Dieser Zwischenfall zeigt uns, wie wichtig die Kleingruppe ist.

Das übergeordnete Ziel der Kleingruppe ist genau dasselbe wie das des ganzen Kurses, nämlich Menschen zu helfen, eine Beziehung zu Jesus Christus zu beginnen. Jesus selbst hat gesagt, wo sich zwei oder drei in seinem Namen versammelten, würde er mitten unter ihnen sein (vgl. Mt 18,20). Wir haben festgestellt, dass eine Gruppe von zwölf (zwei Leiter, zwei Helfer und etwa acht Gäste) die ideale Größe ist. Sicher ist es kein Zufall, dass Jesus sich eine Gruppe von zwölf Jüngern ausgesucht hat (vgl. Mk 3,13-19).

Die sechs Ziele der Kleingruppe

1. Diskussion

Die Gruppe trifft sich, um über den Vortrag und die dadurch aufgekommenen Fragen zu diskutieren. Es ist sehr wichtig, den Leuten die Gelegenheit zu geben, über das zu sprechen, was sie gehört haben, und Fragen zu stellen. Das gilt ganz besonders dann, wenn die Gruppe vorwiegend aus Nichtchristen besteht. In der Regel sind solche Gruppen noch nicht bereit, die Bibel zu lesen. Als wir mit den Alpha-Kursen begannen, hat die Gruppe von der ersten Woche an in der Bibel gelesen. Doch bald wurde mir klar, dass dies zu beträchtlicher Frustration führen musste. In den Fragebögen, die wir am Ende des Kurses ausgaben, fanden wir Kommentare wie: »Die Gruppe hat mir erst richtig Spaß gemacht, als ich die ganze Zeit über den Vortrag diskutieren konnte.«

Die praktischen Details sind in einer Diskussion überaus wichtig. Die Stühle sollten so angeordnet werden, dass jeder bequem sitzen und alle anderen sehen kann. Es müssen gute Licht- und Luftverhältnisse herrschen. Jeder sollte eine moderne Bibelübersetzung in Händen halten. Ein guter Leiter bemüht sich, die Diskussion zu der vorgegebenen Zeit zu beenden. Unser Ziel ist es, um 21.00 Uhr mit der Diskussion zu beginnen und sie um 21.45 Uhr zu beenden. Ich rate den Gruppenleitern davon ab, diese Zeit zu überschreiten, auch wenn eine besonders lebhafte Diskussion im Gange ist. Es ist immer möglich zu sagen: »Wir wollen dieses Gespräch nächste Woche fortsetzen.« Dann sind die Leute motiviert, in der folgenden Woche wiederzukommen und weiter zu debattieren. Wenn die Gruppengespräche zu lange dauern, haben die Leute vielleicht Angst, wiederzukommen, weil sie befürchten, auch beim nächsten Mal wieder so spät ins Bett zu kommen.

Bei dem Gespräch in den Kleingruppen hängt sehr viel vom Gruppenleiter ab. Ist er nicht ausreichend vorbereitet oder lässt er eine Person zu viel reden, so schadet dies der Gruppe. Ein dominanter Gruppenleiter, der selbst zu viel redet und den anderen nicht die Freiheit gibt zu sagen, was sie auf dem Herzen haben, ist genauso schädlich. Der Gruppenleiter muss flexibel genug sein, einen Themenwechsel zuzulassen, und selbstsicher genug, Abweichungen, die die Mehrheit frustrieren und langweilen würden, im Keim zu ersticken.

Es ist wichtig, einfache Fragen zu stellen. Wenn Sie das Gefühl haben, die Gruppe ist nicht bereit zum Bibellesen, aber die Diskussion läuft auch nicht glatt, könnten Sie einige der im Anhang I des Alpha-Leiterheftes angegebenen Fragen verwenden. Zwei Grundfragen sind: »Was meinen Sie zu diesem Thema?« oder: »Was empfinden Sie dabei?«

Der Gruppenleiter muss darauf vorbereitet sein, den anderen zu helfen, Antworten auf die Fragen der Gruppe zu finden. Ich habe festgestellt, dass einige Fragen immer wieder auftauchen. Das Buch *Searching Issues*[23] beschäftigt sich mit den sieben in Alpha-Kursen am häufigsten gestellten Fragen. Ich fordere die Leiter und Helfer auf, sich mit diesem Material zu beschäftigen und auch andere Literatur zu diesen Themen zu lesen.

Ein guter Leiter wird anderen immer Mut machen. Das Mindeste ist, die Leute anzulächeln und interessiert dem zu folgen, was die Einzelnen zu sagen haben. Selbst wenn jemand etwas sagt, das nicht korrekt ist, wird ein guter Leiter mit einem Satz wie zum Beispiel: »Wie interessant«, »So etwas habe ich noch nie zuvor gehört« oder »Das würde bedeuten, dass …« antworten und dann die restliche Gruppe dazu bringen, zu der richtigen Schlussfolgerung zu kommen.

2. Beispielhaftes Bibelstudium

Das zweite Ziel der Kleingruppe ist es zu lernen, gemeinsam in der Bibel zu lesen und sich ein größeres Wissen anzueignen. Wie bereits erwähnt, sollte der Leiter die Gruppenteilnehmer reden lassen und der Versuchung widerstehen, eine Predigt zu halten.

Selbst wenn eine Bibelarbeit geplant ist, ist es wichtig, Raum für Fragen zu lassen, die aus dem Vortrag vielleicht entstanden sind, und diese zuerst zu besprechen. Sonst fühlen sich die Teilnehmer vielleicht frustriert, weil ihre eigentlichen Fragen nicht beachtet werden.

Wenn die Gruppe zur Bibelarbeit bereit ist, sollte der Gruppenleiter den Abschnitt sorgfältig vorbereiten. Er oder sie sollte ihn in unterschiedlichen Übersetzungen lesen und dafür sorgen, dass alle Teilnehmer den Text verstehen. Schwierige Verse sollten vorher herausgegriffen und in der Erklärung oder einem Kommentar nachgeschlagen werden (um unnötige Zeitverschwendung in der Gruppe zu vermeiden).

In der Kleingruppe sollte die Seitenzahl der betreffenden Stelle angegeben werden, damit niemand in Verlegenheit gerät, wenn er nicht weiß, wo ein bestimmtes Buch in der Bibel zu finden ist. Manchmal ist es angebracht, dass ein bestimmter Abschnitt reihum in der Gruppe vorgelesen wird (wenn man zum Beispiel einen Psalm bearbeitet); auf diese Weise wird jeder miteinbezogen. Bei anderen Stellen (zum Beispiel das Gleichnis vom verlorenen Sohn) ist es besser, wenn ein guter Vorleser den ganzen Abschnitt laut liest. Aber nicht alle können vorlesen; genauso sollte auch jeder die Möglichkeit haben, dies abzulehnen.

Außerdem hat es sich als hilfreich erwiesen, eine kurze Einführung zu geben. Wenn man zum Beispiel das Gleichnis vom verlorenen Sohn liest, könnte man sagen: »Behalten Sie bitte, wenn wir die folgende Geschichte lesen, immer im Hinterkopf, dass der Vater für Gott und der Sohn für uns Menschen steht. Was können wir vor diesem Hintergrund aus diesem Abschnitt lernen?« Die Einführung sollte sehr kurz gehalten sein, vielleicht nur ein Satz, der die Hauptaussage des Abschnitts wiedergibt. An dieser Stelle können auch offensichtliche Schwierigkeiten oder unverständliche Wörter erklärt werden. Gruppenleiter sollten sich davor hüten, »Kanaanäisch«, das heißt, in einen christlichen Jargon zu sprechen, der Nichtchristen und neue Christen von vornherein ausschließt.

Der Leiter muss darüber hinaus dafür sorgen, dass alle zu Wort kommen. Die Fragen sollten sorgfältig vorbereitet und kurz und einfach gehalten sein. Zu ungenaue Fragen (»Welcher Unterschied besteht zwischen den Versen 7 und 17?«), zu simple Fragen (»Wer ist für uns gestorben?«) oder zu schwierige Fragen eignen sich nicht dafür, ein Gespräch in Gang zu bringen. Gute Fragen sind solche Fragen, die nicht mit Ja oder Nein beantwortet werden können und so ein Gespräch über die Schlüsselverse des betreffenden Abschnitts in Gang setzen. Die drei Grundfragen zu jedem Abschnitt lauten: »Was sagt der Text aus?«, »Wie ist diese Stelle zu verstehen?« und »Wie lässt sich dieser Text auf unser Leben anwenden?«

Ziel ist es, jeden dazu zu bringen, sich an der Diskussion zu beteiligen. Beiträge von den stilleren Gruppenmitgliedern sollten in besonderer Weise gewürdigt werden. Wenn jemand schon viel geredet hat, sollte der Leiter vielleicht fragen: »Was denken die anderen?« Das Ziel sollte für den Leiter sowohl das Lernen als auch das Lehren sein. Keinesfalls darf er der Gruppe seine eigene Meinung aufzwingen. Selbst wenn er direkt auf seine Meinung angesprochen wird, ist es besser, zuerst von der Frage abzulenken. Auch sollten die Leiter niemals eigene Fragen beantworten; es ist besser, sie anders zu formulieren und erneut zu stellen. Darüber hinaus sollten sich Leiter bemühen, die Kommentare anderer nicht zu wiederholen, außer um sie für die anderen aus der Gruppe zu erklären. Wenn man uns Fragen stellt, die wir selbst nicht beantworten können, wäre es fatal, so zu tun, als hätten wir die Antwort parat. Wir sollten zugeben, dass wir nicht alles wissen. Ein solches Eingeständnis kann eine gute Sache sein. Wir können die Frage später immer noch aufgreifen oder sagen, wir würden uns die Frage aufschreiben und in der folgenden Woche die Antwort mitbringen. Vielleicht möchte sich ja auch ein anderes Gruppenmitglied darum kümmern, eine Antwort auf die betreffende Frage zu finden. Dies hilft beim Lernprozess, sowohl den Gästen als auch den Leitern. Es ist wichtig, dass wir nicht den Eindruck vermitteln, es gäbe leichte Antworten auf schwierige Fragen oder dass wir die großen Experten wären.

Das Wichtigste ist, die Bibelarbeit praktisch zu gestalten. Wir sollten aufzeigen, wie die dort vermittelten Prinzipien angewandt werden können und wie Gott mit der betreffenden Bibelstelle ein Leben verändern kann. Eine Bibelarbeit muss auch nicht allzu lange dauern – fünfundvierzig Minuten reichen vollkommen aus.

3. Lernen, miteinander zu beten

Wenn der Gruppenleiter mit einem Gebet beginnen möchte, sollte er sehr einfühlsam dabei vorgehen. Er kann selbst beten oder besser noch einen Teilnehmer bitten zu beten. Jedoch sollte er den Betreffenden auf jeden Fall vorher fragen und der Gruppe unbedingt zu verstehen geben, dass dies geschehen ist. Sonst werden die Leute am nächsten Kursabend Angst haben, sie müssten ein Gebet sprechen. (Ich kenne einige Leute, die nicht mehr gekommen sind, weil sie befürchteten, sie müssten laut beten.)

Um jede Peinlichkeit zu vermeiden, könnte der Gruppenleiter ein einfaches Gebet vorschlagen (z. B.:»Würden Sie Gott bitten, uns dabei zu helfen, diesen Bibeltext zu verstehen?«) oder er könnte, nachdem er eine Person vorher gefragt hat, zu der Gruppe sagen: »Ich habe X gebeten, ein Gebet zu sprechen.«

Es könnte auch angebracht sein, die Diskussion mit einem Gebet zu beschließen. Da für die meisten ein laut gesprochenes Gebet zu Beginn sehr ungewohnt ist, ist es wichtig, über diese Schwierigkeiten zu sprechen und dann ein sehr einfaches Gebet vorzugeben, wie zum Beispiel: »Vater ... (kurzer Satz) ... im Namen unseres Herrn Jesus Christus. Amen.« Dies wird anderen Mut machen, Ähnliches zu versuchen. Lange, wortgewaltige Gebete mögen eindrucksvoll sein, nehmen aber anderen den Mut, selbst zu beten. Wenn wir ein einfaches Modellgebet anbieten, ziehen fast alle in der Gruppe mit, manchmal sogar Leute, die noch keine Christen sind.

Für diejenigen, die all ihren Mut zusammennehmen und tatsächlich ein Gebet sprechen, kann dies ein großer Augenblick sein und ihnen ein neues Vertrauen in ihre Beziehung zu Gott schenken. Es ist tief bewegend, das erste öffentliche Gebet eines Menschen mitzuerleben. Gewöhnlich werden keine großen Worte gemacht, sondern es kommt direkt aus dem Herzen. Es ist gut, deutlich zu machen, dass alle etwas davon haben, wenn jemand den Mut aufbringt, sein erstes öffentliches Gebet zu sprechen, wie kurz es auch sein mag.

4. Dauerhafte Freundschaften innerhalb der christlichen Gemeinschaft entwickeln

Die Gemeinden bemerken oft: »Die Menschen kommen aus den unterschiedlichsten Gründen in die Kirche, aber sie bleiben nur aus einem einzigen: wenn sie Freunde finden.« Wir haben festgestellt, dass in dem zehnwöchigen Kurs viele außergewöhnlich gute Freundschaften entstehen. Vor vier Jahren leitete ich eine Kleingruppe von zwölf Personen. Nicht einer der Teilnehmer war zu Beginn des Kurses Christ, doch am Ende waren alle zum Glauben an Jesus gekommen. Alle haben mittlerweile Führungspositionen in der Gemeinde übernommen und sie stehen sich noch immer sehr nah. Unmittelbar nach dem Kurs sagte einer, vor dem Kurs hätte er den Eindruck gehabt, sein »Freundschaftsmaß« sei voll gewesen, doch er sei erstaunt gewesen, wie viele dauerhafte Freundschaften er während des Kurses geschlossen hätte.

Die Gruppenleiter und Helfer müssen jeden Einzelnen in der Gruppe sehr gut kennen lernen. Es ist wichtig, bereits am ersten Abend ihre Namen zu wissen. Manchmal spielen wir ein Namensspiel, um dies zu erleichtern. Jeden Abend sitzt die Gruppe beim Abendessen zusammen und die Leiter und Helfer fungieren als Gastgeber und gestalten maßgeblich die Unterhaltung mit. Manchmal kann die Gruppe nach dem Kursabend noch zusammen in eine Kneipe oder etwas essen gehen, wenn die Einzelnen dies wünschen. Manchmal treffen sie sich auch im Laufe der Woche, sei es zu zweit oder als ganze Gruppe.

5. Lernen, füreinander zu beten

In einer von mir geleiteten Kleingruppe waren die Menschen zu Beginn des Kurses voller Fragen, zum Teil recht negativer

Fragen. Sie schienen alle so unterschiedlich, dass ich mich schon fragte, ob sie miteinander auskommen würden, geschweige denn einander mit Hilfe des Heiligen Geistes dienen könnten. Doch am Ende war es wundervoll mitzuerleben, wie alle füreinander beteten und einander die Hände auflegten und um Heilung baten.

6. Andere für die Leiterschaft zu trainieren

Alpha ist inzwischen so sehr angewachsen, dass wir ständig neue Leiter brauchen. Der Kurs ist von einer Kleingruppe auf fünfunddreißig Kleingruppen im gegenwärtigen Kurs angewachsen. Zu Beginn waren die Leiter erfahrene Christen, die nicht selten schon zehn Jahre und länger »dabei« waren. Viele der heutigen Helfer sind in dem vorangegangenen Alpha-Kurs zum Glauben an Jesus gekommen und auch die Leiter sind oftmals kaum länger als ein halbes Jahr Christen. Dies ist kein Idealzustand, aber es ist kein schlechtes, sondern ein gutes Problem, das wir da haben: Vermutlich stand die Urgemeinde vor einer ähnlichen Situation. Als zu Pfingsten 3 000 Menschen zum Glauben kamen, mussten sicherlich einige sofort Leiterschaftsaufgaben übernehmen.

Auch Paulus ermahnt Timotheus: »Was du vor vielen Zeugen von mir gehört hast, das vertrau zuverlässigen Menschen an, die fähig sind, auch andere zu lehren« (2 Tim 2,2). Ein Sprichwort lautet: »Delegation ohne Training führt zu Enttäuschung.« Wir sorgen dafür, dass alle Leiter und Helfer den auf drei Abende angelegten Alpha-Trainingskurs mitmachen. Die Helfer können mehr über Führungseigenschaften lernen, indem sie die Leiter ihrer Gruppe »in Aktion« beobachten, und wir hoffen, dass das Beispiel des Leiters eines Tages vielleicht allen Gruppenmitgliedern nützlich ist.

Kapitel 8

Die Geschichte von Lee Duckett

Als Lee Duckett, Ingenieur bei der *Mercury*-Telefon-gesellschaft, zur *Holy Trinity Brompton Church* kam, um an der Telefonanlage zu arbeiten, ahnte er nicht, dass sich dadurch sein Leben ändern würde. Nachdem er jahrelang an Depressionen gelitten hatte, bat er Gott, sich ihm zu erkennen zu geben. Gott tat es. Der folgende Abschnitt berichtet, wie dies geschah.

In der Grundschule erfuhr ich nur wenig über den christlichen Glauben. Einmal in der Woche fand eine Schulandacht statt. Dabei las man uns eine Geschichte aus dem Alten oder Neuen Testament vor und Schüler setzten die Geschichte in Szene. Ich hielt das für Kinderkram. Als ich achtzehn war, begann ich, Sciencefiction-Bücher zu lesen. Sie machten großen Eindruck auf mich. Außerdem las ich Bücher über Magie und Götter, König Artus, Okkultismus und *New Age*. Ich hielt mich für einen Atheisten. Hätte ich mich für einen Gott entscheiden müssen, hätte ich mich unter den Göttern der nordischen Völker oder der Griechen umgesehen, denn ich hatte gelesen, dass sie am längsten existierten.

Mit meiner ersten Freundin bin ich vier Jahre lang zusammen gewesen; wir hatten uns verlobt, gemeinsam eine Wohnung gekauft und zusammen gelebt. Als unsere Beziehung auseinander ging, war ich verzweifelt. Wir mussten noch sechs Monate lang zusammen wohnen, da die Wohnungspreise gefallen waren und unsere Hypothek größer war als das, was wir bei einem Verkauf erzielt hätten. Auch in den folgenden anderthalb Jahren sahen wir uns immer wieder, wenn sie mit einem Freund Schluss gemacht hatte. Dann fragte sie, ob wir nicht wieder zusammen sein wollten, aber diese neuen Beziehungen dauerten nie länger als einen Monat. Schließlich verkündete sie, dass sie einen anderen Mann heiraten würde.

Danach verfiel ich in Depressionen. Ich bemühte mich, über den Verlust hinwegzukommen, und suchte nach Dingen, die mich ablenkten. Ein paar mal besuchte ich ein Medium, experimentierte öfter mit einem *Ouija*-Brett – einer Alphabettafel, die in spiritistischen Sitzungen benutzt wird – und versuchte mich in schwarzer Magie. Nachdem ich dabei einige erschreckende Erlebnisse hatte, hörte ich damit auf. Während dieser Zeit verschlimmerten sich meine Depressionen. Ich konnte die Gegenwart Anderer kaum ertragen, kapselte mich völlig ab und begann, an Selbstmord zu denken. Dann ging ich drei Monate lang einmal in der Woche zur Psychotherapie. Das war harte Arbeit, aber danach fühlte ich mich gut. Nach einem Monat setzten die Depressionen jedoch wieder ein.

Als ich versuchte, zu Gott zu beten, hatte ich ein paar merkwürdige Erlebnisse. Einmal war ich im Bad und fing an zu weinen. Aus irgendeinem Grund betete ich: »Gott, ich glaube wirklich, dass du existierst«, fügte aber noch hinzu: »Wenn es dich gibt, lass es mich wissen.«

Ein paar Wochen später kam ich durch meine Arbeit zur *Holy Trinity Brompton Church*. Als ich um 9.30 Uhr dort ankam, glaubte ich, dass es eine Arbeit war wie jede andere. Ich installierte einen neuen Telefonverteiler und unterhielt mich dann mit der Sekretärin. Schon oft hatte ich daran gedacht, mir eine Bibel zu kaufen, weil ich die Geschichten lesen wollte. Aus diesem Grund fragte ich Perry, die ich sehr nett fand: »Können Sie mir eine gute Bibel empfehlen?«

Sie riet mir zu einer modernen Übersetzung der Bibel und sagte dann: »Wir veranstalten hier den Alpha-Kurs. Hätten

Sie Lust, daran teilzunehmen?« Zunächst zögerte ich, aber wir unterhielten uns etwas länger und Perry war wirklich sehr nett. Ich fragte, ob sie zur Kirche ginge. Sie erwiderte: »Ja, ich gehe zur Kirche. Ich bin Christin, meine Freunde sind auch Christen und wir haben miteinander sehr viel Spaß.« Ich verstand nicht, was sie meinte. Was sollte daran Spaß machen, Christ zu sein? Noch einmal fragte sie, ob ich an dem Kurs teilnehmen wolle, und ich willigte zögernd ein.

Als Ingenieur habe ich die Angewohnheit, immer zuerst die Gebrauchsanweisung von neuen Dingen zu lesen. Ich möchte gern wissen, was ich tun muss. Ich arbeite auch gern in der richtigen Reihenfolge. Da Perry mir gesagt hatte, was in dem Kurs gelehrt wird, dachte ich: Wenigstens ist da jemand, der es mir beibringen kann. Ich lerne gern von anderen und probiere auch gern etwas Neues aus. Warum soll ich es mir schwer machen? Es ist leichter, wenn mich jemand unterrichtet.

Weil mein Urlaub dazwischenlag, schrieb Perry mich für den Kurs im September ein und gab mir ein Buch mit dem Titel: »Jesus?!« Als ich es las, sprach ich das Gebet, das darin vorgeschlagen wird, aber es schien sich nichts zu ereignen.

Ich sah dem Alpha-Kurs voller Erwartung entgegen. Am ersten Abend war ich eine halbe Stunde zu früh dort und wartete in meinem Auto auf dem Parkplatz. Ich beobachtete die vielen Menschen, die in die Kirche gingen, und vermutete, dass irgendeine große Veranstaltung stattfände. Zum Kurs erwartete ich ungefähr dreißig Leute und war völlig geschockt, als ich *dreihundert* Menschen vorfand, die alle ganz normal aussahen. Das hatte ich nicht erwartet. Ich hatte mir vorgestellt, dass es komische Typen sein würden, die anders sprachen, altmodische Brillen und unmodische Kleidung trugen, und war erstaunt, wie viele junge Menschen kamen und wie viele nette Mädchen es gab!

Meine Gruppenleiter waren Ashley und Sibs Meaney. Ihre friedliche Ausstrahlung beeindruckte mich. Man konnte die Liebe förmlich sehen. Ich dachte: Sie haben das, was mir fehlt. Dann fingen wir an zu singen. Das erinnerte mich an die Grundschule und ich fühlte mich etwas unbehaglich. Doch der Vortrag und die Diskussion in der Gruppe machten mir Spaß. Nach dem Treffen fühlte ich mich richtig wohl.

Als ich mich am nächsten Morgen beim Rasieren im Spiegel sah, hatte ich ein fröhliches Schmunzeln im Gesicht und musste lachen. Ich lief durch meine Wohnung und lachte immer mehr. Ich wusste nicht, warum ich lachte, ich wusste nur, dass ich glücklich war. Seit mindestens drei Jahren war es das erste Mal, dass ich lachte. In Gegenwart von Kunden setzte ich immer ein Lächeln auf. Doch ich glaube, man kann es an den Augen sehen, ob jemand wirklich lacht. Meine Augen blieben dabei unbeteiligt. Jetzt aber lachten auch sie.

Am Sonnabend kaufte ich mir eine Bibel und begann im Matthäusevangelium zu lesen. Gleichzeitig las ich das Buch *Run Baby Run* (»Flieh, Kleiner, flieh«) von Nicky Cruz. Nach dem zweiten Abend mit den Mitgliedern des Alpha-Kurses lud mich Ashley ein, zur Kirche zu kommen. Ich fühlte mich geehrt, dass ich eingeladen wurde. Am Sonntag erzählte ich Ashley von mir und meinen Depressionen. Zufällig wurde auch im Abendgottesdienst über dieses Thema gesprochen. Als wir eingeladen wurden, nach vorn zu kommen, ging ich auch und Ashley und sein Vater beteten für mich. Ich fühlte ihre Hände auf meinen Schultern und brach in Tränen aus. Dann fühlte ich eine Wärme von den Füßen aufwärts durch meinen Körper gehen und die Depressionen waren verschwunden.

In den darauf folgenden Wochen dachte ich, dass ich ein Christ war, und versuchte, mit Freunden und meiner Familie darüber zu sprechen. Es hörte sich jedoch an, als wolle ich mich entschuldigen. Doch langsam entspannte ich mich. Jede Nacht vor dem Einschlafen las ich in der Bibel. Ich beschäftigte mich auch mit anderen christlichen Büchern und ging sonntags in die Kirche. Eines Abends, nachdem ich die Bibel gelesen hatte, bat ich, dass mich der Heilige Geist erfüllte. Ich hatte vielleicht zehn Minuten gebetet, als ich das Gefühl bekam, dass über mir eine Schlacht stattfand. Mir kam der Vers in den Sinn: »Muß ich auch wandern in finsterer Schlucht, ich fürchte kein Unheil.« Das wiederholte ich im Stillen immer wieder, denn ich hatte Angst. Dann griff ich zur Bibel und blätterte darin. Jedesmal, wenn ich sie aufschlug, las ich Botschaften von der Liebe und dem Schutz Gottes.

In der Nacht fühlte ich mich in meinem Schlafzimmer ganz unsicher und schlief schlecht. Als ich Ashley am Morgen anrief und ihm erzählte, was geschehen war, sagte er, dass er darauf gewartet hätte, dass so etwas geschah. Er riet mir, alle Bücher und Bilder über Okkultismus, die ich noch in meinem Zimmer hatte, wegzuwerfen, und sagte, ich solle den 23. Psalm und das 6. Kapitel des Epheserbriefes lesen. Nachdem ich das getan hatte, fühlte ich mich in meinem Zimmer wieder wohl.

Am Mittwoch wurde bei Alpha über das Böse gesprochen. Noch nie hatte ich mich in einer Kirche so unbehaglich gefühlt. Ich wollte fortlaufen. Mir war schlecht. Ich spürte Ärger in mir und wollte hinaus, doch ich blieb.

Beim Alpha-Wochenende geschahen unglaubliche Dinge. In unserer Gruppe hatte sich eine wunderbare Kameradschaft entwickelt. Wir hatten alle das Gefühl, Gott näher zu kommen. Als wir standen und Nicky den Heiligen Geist bat, uns zu erfüllen, sagte er: »Der Heilige Geist wirkt gerade bei Menschen, die sich im Raum befinden.« Mir war, als würde mir jemand sanft ins Ohr blasen. Kurz danach versagten mir die Knie und ich musste mich setzen. Ich erhielt die Gabe des

Sprachengebets und Freude und Liebe zu allen Menschen erfüllte mich.

Als ich an diesem Abend zum Gottesdienst ging, setzte ich mich in die erste Reihe. Ich spürte, dass der Heilige Geist bei mir war. Nach der Predigt sangen wir ein Lied und ich fühlte die Gegenwart Gottes. Ich begann zu weinen. Sandy lud die Menschen ein, die von physischen Leiden geheilt werden wollten, nach vorn zu kommen. Ich ging, weil mein Rücken oft schmerzte. Sandy bat Teilnehmer des Alpha-Kurses, ihm zu helfen. Ein Mann namens Ray kam zu mir und fragte, was bei mir geheilt werden solle. »Mein Rücken,« sagte ich. »Sonst noch etwas?«, fragte er, als er meine verweinten Augen sah. Ich verneinte. Ein Ehepaar kam, um ebenfalls zu helfen. Sie gingen mit mir ins Seitenschiff und beteten dort für mich. Ich fühlte, wie der Heilige Geist an den Füßen begann, meinen ganzen Körper rein zu waschen. Dabei spürte ich eine unglaubliche Freude und fing an zu lachen. Danach fühlte ich mich wie neugeboren. Als ich nach Haus kam, betete ich mindestens eine halbe Stunde lang. Danach schlief ich wie ein Murmeltier.

Montagabends rief ich meine Freunde an und erzählte ihnen voller Freude von dem Wochenende. Diesmal hatte ich nicht das Gefühl, mich entschuldigen zu müssen.

Mein Leben hat sich vollkommen verändert. Ich sehe die Welt mit anderen Augen. Ich spüre Liebe für alle Menschen und habe einen inneren Frieden, den mir keiner nehmen kann. Wenn ich Menschen begegne, möchte ich ihnen von Jesus erzählen. Wenn ich von Terroristen und ähnlichen Menschen höre, kommen manchmal negative Gefühle in mir hoch, doch meist tun diese Menschen mir leid und ich denke: »Wenn sie nur Jesus so kennen lernen könnten wie ich.« Ich lese viele christliche Bücher und beim Autofahren bete ich oft.

Als das Festessen des Alpha-Kurses stattfand, kam meine Mutter mit. Zu Weihnachten schenkte sie mir – obwohl ich nie davon gesprochen hatte – ein Goldkreuz mit Kette. Das hat mich sehr gerührt. Es zeigt mir, dass sie weiß, was mir das bedeutet. Meine Eltern sind sehr froh, dass ich Christ geworden bin. Eigentlich ist meine ganze Familie froh, obwohl sie mich manchmal damit neckt. Ich lade sie immer wieder ein mitzukommen. Beinahe ständig bin ich mir der Anwesenheit des Heiligen Geistes bewusst. Natürlich habe ich noch viele unbeantwortete Fragen, aber schon allein Gott zu kennen ist wunderbar.

Kapitel 9

Vorträge halten

Bevor ich Christ wurde, nahm mich einmal jemand zu einem Vortrag in einem Missionshaus in Cambridge mit, der zu einer ganzen Vortragsreihe gehörte. Ich erinnere mich noch daran, zu Beginn des Vortrags auf die Uhr geschaut zu haben, entschlossen, nicht zuzuhören. Die Uhr habe ich die ganze Zeit im Auge behalten. Ich war erstaunt, wie lange der Vortrag dauerte und wie sehr ich mich langweilte. Anderen schien der Vortrag zu gefallen. Sie lachten und hörten interessiert zu. Aber ich hatte mir vorgenommen, einfach nicht aufzupassen.

Wenn man zu Christen spricht, darf man Interesse voraussetzen. Wir erwarten von der Gemeinde einen Hunger danach, mehr über den christlichen Glauben zu erfahren, und den Wunsch, die christliche Lehre zu verstehen und die Bibel zu lesen. Bei denen, die noch keine Christen sind, können wir nicht von solchen Voraussetzungen ausgehen. Vielmehr ist es wahrscheinlicher, dass sie uns fragen: »Warum sollte ich zuhören?« Sie fordern uns heraus, ihnen etwas Interessantes zu bieten.

Wir müssen auf diese Herausforderung eingehen. Gleich mit den ersten Sätzen müssen wir ihnen sagen, warum sie zuhören sollten. Die Wahrheit an sich ist für sie nicht notwendigerweise von Interesse. Wahrheit ist nicht dasselbe wie Relevanz, Praxisnähe. Wenn wir unseren Vortrag mit den Worten beginnen: »Ich möchte mich mit der Lehre der Rechtfertigung durch Glauben beschäftigen«, werden vermutlich alle sofort einschlafen. Im Großen und Ganzen sind die Menschen nicht

an Theologie oder historischem Hintergrundwissen interessiert, bis sie erkennen, *warum* dies für sie relevant ist. Wir müssen von Beginn an ihr Interesse wecken: Die ersten Sekunden sind von größter Wichtigkeit.

Die Zuhörer müssen denken: »Das ist interessant …« Wie Jesus müssen wir die Menschen dort abholen, wo sie stehen, das heißt, man muss einen Einstieg wählen, der ein persönliches Problem anspricht oder etwas, das die Zuhörer nachvollziehen können. Humor mag ein guter Einstieg sein, vorausgesetzt, er führt zu dem hin, was wir sagen wollen. Im Allgemeinen hören die Menschen gern Geschichten, lustige und ernste. Diese Geschichten sollten jedoch zu einem Thema hinführen, das den Zuhörern wichtig ist: Arbeit, Stress, Einsamkeit, Beziehungen, Ehe, Familienleben, Leid, Tod, Schuld oder Angst.

In diesem Kapitel möchte ich mich mit dem Thema »Vorträge vor Nichtchristen« (z. B. bei den Alpha-Kursen) und vor allem mit evangelistischen Vorträgen (z. B. bei dem Abschlussfest am Ende des Kurses) beschäftigen. Ich bin der Überzeugung, dass viele Menschen sich diese Fertigkeit aneignen können. Die wichtigste Voraussetzung ist der tiefe Wunsch, die Gute Nachricht von Jesus Christus weiterzugeben. Bei der Vorbereitung eines solchen Vortrages sollten wir uns sieben ganz wichtige Fragen stellen. Im Nachfolgenden werden wir uns mit jeder einzelnen beschäftigen.

1. Ist der Vortrag biblisch?

Der Bischof von Wakefield, Reverend Nigel McCulloch, beschrieb eine Predigt, die er während eines Urlaubs einmal gehört hatte, als eine »Schande«. »Der Prediger sprach lange, sagte jedoch wenig. Er brachte keine Botschaft. Als ich mich unter den Gottesdienstbesuchern umsah, bemerkte ich, dass die Älteren schliefen oder vor sich hin träumten, die Jüngeren unruhig zappelten, weil sie die Predigt langweilig, uninteressant und irrelevant fanden, genau wie ich. Was für eine versäumte Gelegenheit. Was für eine Schande.« Über den Inhalt der Predigt sagte McCulloch nichts, allerdings machte er die Beobachtung, dass die Gemeinde »keine drittklassigen persönlichen Kommentare zu öffentlichen Angelegenheiten will, sondern eine echte Predigt, die die Bibel lebendig werden lässt … Wenn der Apostel Paulus gebeten worden wäre, im Zeitalter der Evangelisation die Kirche von England zu beraten, hätte er uns vermutlich gesagt, was er Timotheus schrieb: ›Predige das Wort auf jeder Kanzel, in jeder Kirche, in jedem Gottesdienst.‹«[24] Das bedeutet nicht notwendigerweise, dass Vorträge vor Menschen, die nicht zur Kirche gehen, unbedingt eine Auslegung der Bibel sein müssen. Sie sollten vielmehr biblische Wahrheiten zur Grundlage haben. Auch sollten Bibelverse eingeflochten sein.

Während des evangelistischen Vortrags beim Abschlussfest des Alpha-Kurses sollten möglichst ganz bestimmte Inhalte vermittelt werden. Paulus sagte, als er nach Korinth reiste: »Denn ich hatte mich entschlossen, bei euch nichts zu wissen außer Jesus Christus, und zwar als den Gekreuzigten« (1 Kor 2,2). Ich bemühe mich darum, dass jeder Vortrag sich um Jesus Christus dreht. Zuerst sage ich etwas zu seiner Person, dazu, dass der christliche Glaube auf dem Leben, dem Tod und der Auferstehung Christi basiert und dass derselbe Jesus auch heute noch lebt und wir in eine Beziehung zu ihm eintreten können. Zweitens spreche ich von dem »Gekreuzigten«. Ich berichte, was Jesus am Kreuz für uns getan hat und wie er es möglich gemacht hat, dass unsere Sünden vergeben und wir von unseren Fehlern und Vergehen befreit werden können. Drittens: Ich erkläre, wie Menschen eine Beziehung zu Gott bekommen können. Dabei spreche ich von »Buße«, »Glaube« und dem Heiligen Geist.

2. Erzählt der Vortrag von der Guten Nachricht?

Für seine erste Predigt wählte Jesus einen Text des Propheten Jesaja: »Der Geist des Herrn ruht auf mir, denn der Herr hat mich gesalbt, er hat mich gesandt, damit ich den Armen eine gute Nachricht bringe« (Lk 4,18). Jesus ist nicht auf diese Welt gekommen, uns zu verdammen, sondern um uns zu retten. Das Evangelium ist eine gute Nachricht in einer Welt voller schlechter Nachrichten. Wir sollten den Menschen nicht einfach nur ihre Schuld vor Augen führen. Natürlich müssen wir von Sünde und Schuld sprechen, aber dabei wollen wir es nicht belassen. Wir erzählen ihnen von Jesus, der uns von Sünde, Schuld und dem Bösen befreit hat. *Das* ist die gute Nachricht.

Als Philippus mit dem Äthiopier sprach, »verkündete er ihm das Evangelium von Jesus« (Apg 8,35). In dem Vortrag beim Abschlussfest erkläre ich, dass Jesus Christus unseren tiefsten Bedürfnissen begegnet. Ich weiß, dass diejenigen von den Zuhörern, die noch keine Christen sind, oft tief in ihrem Innern einen Mangel empfinden. Viele von ihnen sehen keinen Sinn in ihrem Leben und haben kein Ziel; sie haben keine zufriedenstellende Antwort auf die unausweichliche Tatsache, dass wir alle sterben müssen, oder das universelle Problem der Schuld. Aller Wahrscheinlichkeit nach werden sie auch eine Art »kosmischer Einsamkeit« empfinden; damit meine ich das Gefühl, in der Welt Gottes zu leben ohne den Gott, für den und durch den sie geschaffen wurden.

Da ich um diese Bedürfnisse weiß, versuche ich zu erklären, wie Jesus am Kreuz mit unserer Schuld verfahren ist, wie er den Tod durch seine Auferstehung besiegt und es uns ermöglicht hat, eine Beziehung zu Gott zu haben, die unserem Leben Sinn und Ziel gibt. Er hat uns den Heiligen Geist gegeben, um dieser »kosmischen Einsamkeit« ein Ende zu setzen. Natürlich beinhaltet die Gute Nachricht vom Reich Gottes viel mehr als das. Aber in einem zwanzigminütigen Vortrag bei einem Alpha-Abschlussfest halte ich mich an diese wenigen Basisfakten der Guten Nachricht. Bei der Vorbereitung dieser Vorträge stelle ich mir immer wieder die Frage: »Ist dies auch wirklich die Gute Nachricht?«

3. Ist der Vortrag interessant?

Wir leben im Zeitalter des Fernsehens und der Videospiele. Viele Menschen sind nicht mehr daran gewöhnt, lange Vorträge anzuhören, und es kann schwierig sein, ihre Aufmerksamkeit zu gewinnen. Trockene theologische Auslegung wird die meisten nicht sehr lange in ihren Bann ziehen. Die Menschen hören lieber Geschichten, deren Aussagen ihnen Hilfestellung für ihr Leben geben. Als allgemeine Regel finde ich die folgende Formel hilfreich: Aussage, Illustration, Anwendung. Wenn ein Vortrag in drei Unterpunkte gegliedert ist, kann das etwa folgendermaßen aussehen:

Einführung

(i)   Aussage
•   Illustration
•   Anwendung

(ii)   Aussage
*   Illustration
*   Anwendung
(iii)   Aussage
*   Illustration
*   Anwendung
Schlussfolgerung

Es lohnt sich, Beispiele zur Verdeutlichung, aber auch Auf-
lockerung zusammenzutragen. Sie stammen in erster Linie aus
unserer eigenen Erfahrung, können aber auch Zeitungen, Ra-
dio, Fernsehen, Filmen, Theaterspielen, Büchern und Zeit-
schriften entnommen werden. Einige der besten Illustrationen
sind darüber hinaus in der Bibel zu finden, deren praktische
Anwendung wir sehr sorgfältig für unsere Zuhörer durchden-
ken müssen.

4. Ist der Vortrag überzeugend?

Paulus versuchte, die Menschen zu »gewinnen« (2 Kor 5,11).
Wir sollten zunächst herausarbeiten, was wir mit einem bestimmten Vortrag erreichen wollen. Versuchen wir zum Beispiel, Menschen zu Christus zu führen, wollen wir die Zuhörer
ermutigen, wieder in der Bibel zu lesen oder zu beten? Es lohnt
sich, zu Beginn des Vortrags das Ziel zu formulieren und nie-
derzuschreiben. Wenn wir kein bestimmtes Ziel verfolgen, werden wir sehr wahrscheinlich auch nichts erreichen. Wenn wir
zu viel erreichen wollen, werden wir uns vermutlich verzetteln.

C. H. Spurgeon, der bekannte Prediger des 19. Jahrhunderts, sagte einmal: »Ein billiger Nagel, der fest in die Wand
eingeschlagen ist, ist nützlicher als ein Dutzend teurer Nägel,

die locker eingeschlagen sind. Diese können in einer Stunde wieder herausgezogen werden.«[25]

Nachdem wir das Ziel formuliert haben, sollten wir alle unsere Aussagen darauf zuschneiden. Mit jedem Argument sollten wir an den Verstand, das Herz und den Willen des Zuhörers appellieren. Die Ausgewogenheit zwischen diesen drei Aspekten ist, wie im Folgenden deutlich wird, von grundlegender Bedeutung.

Der *Verstand* muss angesprochen werden. Wir müssen den Leuten logische Gründe für das nennen, was wir sie zu tun auffordern. Im Laufe des Kurses versuchen wir, alle grundlegenden Elemente des Evangeliums zu vermitteln. Bei dem evangelistischen Abschlussfest konzentrieren wir uns dann auf die entscheidenden Elemente der Guten Nachricht.

Würde der Vortrag nur den Verstand ansprechen, fiele er vermutlich ziemlich trocken aus. Wir müssen also auch das *Herz* ansprechen. Mir als Brite fällt das ziemlich schwer. Aber die Emotionen dürfen nicht außer Acht gelassen werden. Wenn dagegen nur die Gefühle angesprochen werden, besteht die Gefahr, dass die Zuhörer den Vortrag ausschließlich als »Gefühlsduselei« abtun. Auf der anderen Seite ist zu befürchten, dass der Vortrag leicht auf die intellektuelle Ebene abrutscht, wenn ausschließlich der Verstand angesprochen wird.

Wenn wir Menschen dazu bringen wollen, eine Entscheidung zu treffen, müssen wir auch ihren *Willen* ansprechen. In einem evangelistischen Vortrag bemühe ich mich darum, bereits zu Beginn klarzumachen, dass eine Entscheidung zu treffen ist, dass es im Reich Gottes keinen neutralen Boden gibt und kein »Ich weiß nicht«. Ich zeige den Zuhörern ganz klar ihre Möglichkeiten auf: Sie können Christus ablehnen, ihn annehmen oder die Entscheidung noch aufschieben. Dies alles muss ohne Druck geschehen. Überzeugen ist erlaubt, Druck ausüben ist falsch.

5. Hat der Vortrag eine persönliche Note?

Bischof Phillips Brooks definierte Predigt als »das Anbringen der Wahrheit durch Persönlichkeit«.[26] Sicherlich ist die Botschaft, die wir übermitteln wollen, objektiv wahr und der größte Teil dessen, was wir sagen, wird diese Wahrheit beweisen. Für die Zuhörer ist es jedoch eine große Hilfe, wenn wir diese Wahrheiten durch unsere eigenen Erfahrungen illustrieren. Wir müssen ehrlich sein und uns an die Wahrheit halten. Keinesfalls sollten wir so tun, als wären wir vollkommen oder würden niemals in irgendwelchen Bereichen unseres Lebens Schwierigkeiten haben. Das bedeutet nicht, dass wir peinliche öffentliche Bekenntnisse ablegen müssen, aber den Zuhörern ist es eine Hilfe, wenn wir unsere eigenen Schwierigkeiten und unser Versagen eingestehen. Geschichten von unseren peinlichen Erlebnissen können gleichzeitig amüsant und ermutigend sein, vorausgesetzt, sie werden in einem Kontext vorgebracht, der den Glauben aufbaut und nicht rein negativ ist. Ich erzähle zum Beispiel häufig von meinen ersten Evangelisationsversuchen und den lächerlichen Dingen, die ich dabei getan habe. Zum einen soll es die Leute belustigen, zum anderen möchte ich ihnen damit aber auch mitteilen, dass wir alle Fehler machen.

Es ist angebracht, sich selbst in die Aussagen mit einzubeziehen und das Pronomen »wir« zu verwenden, anstatt nur die Zuhörer anzusprechen. Das »Sie« kann sehr bedrohlich wirken und impliziert, dass wir uns selbst über unsere Zuhörer stellen. Das Pronomen »wir« ist weniger bedrohlich, da es impliziert, dass wir alle im selben Boot sitzen. Das Pronomen »ich« ist am wenigsten bedrohlich, da es den Zuhörer nicht mit einschließt. Wird es jedoch zu häufig verwandt, wird der Vortrag ichbezogen erscheinen. Generell würde ich vorschlagen, die Pronomina »Sie« und »ich« nur spärlich zu verwenden. Das Pronomen »Sie« erweist sich jedoch am Ende eines Vortrags häufig als sehr effektiv: »Was machen Sie mit den Ansprüchen Christi an Sie?« »Werden Sie heute eine Entscheidung fällen ...?«

6. Ist der Vortrag verständlich?

Es hat keinen Zweck, einen hervorragenden Vortrag zu halten, den niemand verstehen kann. Man sagt, das Wissen eines Publikums sollte niemals *über*schätzt und seine Intelligenz niemals *unter*schätzt werden. Weil das Wissen der Zuhörer begrenzt ist, sollten wir Kanaanismen (die nur den »Insidern« bekannt sind) vollkommen vermeiden und theoretische Ausdrücke wie »Rechtfertigung«, »Heiligung«, »Heiligkeit«, »Versöhnung« oder jedes andere Wort, das in der Alltagssprache nicht gebraucht wird, möglichst nicht verwenden. Ein solches Wort sollte nur gebraucht werden, wenn gleichzeitig erklärt wird, was damit gemeint ist.

Auf der anderen Seite wird es wenig geben, das die Zuhörer nicht verstehen, weil die meisten Leute nicht dumm sind. Voraussetzung ist natürlich, dass es richtig und verständlich erklärt wird. Manche theologischen Bücher und Vorträge sind für viele Menschen ein Buch mit sieben Siegeln: Das ist verständlich, wenn es sich um Fachbücher für Experten handelt. Ich weiß jedoch aus eigener Erfahrung, dass mein Vortrag in der Regel unverständlich wird, wenn ich mich mit etwas beschäftige, das ich selbst noch nicht richtig verstanden habe. Albert Einstein hat einmal gesagt: »Man hat etwas erst dann richtig verstanden, wenn man es in ganz einfachen Worten erklären kann.«

Die Lehre Jesu war im Grunde genommen sehr einfach. Im Vaterunser sagt er mit vierundfünfzig Worten alles, was

wichtig ist. Die EG-Vorschriften zum Verkauf von Kohl be-
laufen sich auf 26 901 Worte – und damit ist noch nichts über
ihre Verständlichkeit gesagt!

7. Ist der Vortrag lebensnah?

Immer wieder werden wir in der Bibel ermahnt, »Täter« und
nicht nur »Hörer« zu sein. Jakobus schreibt: »Hört das Wort
nicht nur an, sondern handelt danach; sonst betrügt ihr euch
selbst« (Jak 1,22). Jesus selbst sagte, dass der kluge Mann
(der sein Haus auf den Felsen baute) sich von dem Dummen
(der sein Haus auf Sand baute) unterschied, weil der Kluge
das, was er gehört hatte, in die Tat umsetzte (Mt 7,24), während der dumme Mann dies nicht tat.

Wenn wir anderen Menschen helfen wollen, das, was sie
hören, in die Tat umzusetzen, müssen wir sehr lebensnah werden. Wir müssen ihnen zeigen, wie sie das, was sie hören,
umsetzen können. In einem evangelistischen Vortrag sollten
wir sorgfältig erklären, wie jemand Jesus Christus als seinen
Herrn und Erlöser in sein Leben aufnehmen kann. Die wichtigsten, im Neuen Testament angesprochenen Elemente sind
die Erkenntnis, dass man Fehler gemacht hat, die Bereitschaft
zur Umkehr (»Buße«), der Glaube an das, was Jesus Christus
für uns getan hat, und das Empfangen des Heiligen Geistes.
Ich erkläre diese Elemente mit den einfachen Worten »es tut
mir Leid«, »danke« und »bitte«.

Wenn ich das Wort »Buße« verdeutlichen will, spreche ich
davon, dass ein Mensch um Vergebung für die Vergangenheit
bittet und sich von allem abwendet, was er als falsch erkannt
hat (das ist »es tut mir Leid«). »Glaube« bedeutet, dass wir
unser Vertrauen auf das setzen, was Jesus für uns am Kreuz
getan hat (»danke«). Den Heiligen Geist empfangen wir, wenn

wir ihn bitten, in unser Leben zu kommen (»bitte«). Dann spreche ich das Gebet, das am Ende des Buches »Jesus!?« abgedruckt ist. Ich fordere die Zuhörer auf, es leise mitzusprechen, wenn sie dazu bereit sind.

Voraussetzung für einen guten Vortrag ist eine gute Vorbereitung und nicht die gute Rhetorik des Redners. Billy Graham sagte 1979 in London vor einem Publikum von sechshundert Geistlichen, wenn er mit seinem Dienst noch einmal von vorne anfangen könne, würde er zwei Veränderungen vornehmen. Die Zuhörer blickten ihn verwirrt an. Was meinte er damit? Er sagte, er würde dreimal so viel studieren wie bisher und viel mehr Zeit dem Gebet widmen. Er zitierte Dr. Donald Gray Barnhouse, der gesagt hat: »Wenn ich Gott nur drei Jahre dienen könnte, würde ich mich zwei davon darauf vorbereiten.«

Kapitel 10

Die Geschichte von Derek und Francie Lygo

Als 1991 Chloe, die drei Monate alte Tochter von Derek und Francie Lygo, in ihrem Bettchen den plötzlichen Kindstod starb, brach die Welt der Eltern zusammen. Francie, die 1993 ihre zweite Tochter Freya zur Welt brachte, erzählt im Folgenden, was geschah und wie sich ihr Leben durch eine neuentdeckte Beziehung zu Gott änderte.

Nachdem ich Derek kennen gelernt hatte, verlobten wir uns innerhalb von zwei Wochen, denn bei uns beiden war es Liebe auf den ersten Blick. Wir lieben uns noch immer, vielleicht sogar mehr als damals – wenn das überhaupt möglich ist. Ich bin im christlichen Sinne erzogen worden, und Derek war Atheist, doch wir ließen uns kirchlich trauen.

Seit meiner Kindheit hatte ich das Gefühl, dass eine Zeit kommen wird, in der ich Gott besser kennen lerne. Ich wusste nicht, wann, sondern nur, *dass* es geschehen würde.

Derek hatte wohl kaum solche Gedanken. Nach unserer Heirat ging es uns sehr gut. Derek hatte eine fabelhafte Stellung in der Stadt und wir waren sehr glücklich.

Als wir Chloe erwarteten, erfüllte sich für uns ein Traum, denn als wir heirateten, wollten wir gleich ein Kind haben. Wir dachten daran, in ein größeres Haus zu ziehen. Meine Schwangerschaft war nicht unkompliziert. Sechs Wochen vor der Entbindung war ich sehr krank und musste ins Krankenhaus; doch Chloe war ein hübsches, zufriedenes, lebhaftes Baby. Wir waren selig.

Am Abend des 26. November 1991 hatten wir Chloe eine Weile aus den Augen gelassen. Derek telefonierte und ich war in der Küche mit dem Abendbrot beschäftigt. Als ich einige Minuten später nach Chloe sah, atmete sie nicht mehr. Sie war tot. Derek rief den Notdienst und während wir warteten, machten wir Wiederbelebungsversuche. Der Krankenwagen brachte sie ins *St. George's Hospital*, wo sie auf die Intensivstation kam.

Der Versuch, ihr Herz zum Schlagen zu bringen, hatte erst nach fünfundvierzig Minuten Erfolg. Chloe wurde in die Beatmungsmaschine gebracht und hat nie mehr selbstständig geatmet. Die siebzehn Stunden, die sie noch lebte, waren die längsten Stunden meines Lebens. Wir wussten nicht, was wir tun sollten. Es gibt keine Worte, die unsere Gefühle beschreiben können. Chloe war unser Leben. Eben noch hatten wir ein gesundes, lebhaftes Baby und im nächsten Moment lag die kleine Person, um die sich unser ganzes Leben drehte, im Sterben. Es war, als wäre unser Leben angehalten worden. Das traf uns unvorbereitet und betäubte uns. Wir wollten bei ihr sein, aber der Schmerz, sie zu sehen, war fast zu groß. Der Schock hatte uns elend gemacht und völlig erschöpft. Während wir sonst alles für sie getan hatten, saßen wir nun hilflos da und mussten sie anderen Menschen überlassen. Wir konnten unser Kind nicht einfach in die Arme nehmen, wonach wir uns so sehr sehnten. Alles war fremd und kaum zu begreifen.

In dieser Situation zeigte uns der Herr sein Mitleid. Es war erstaunlich. Ich hatte mir gewünscht, dass Chloe getauft wird. Bevor sie ins Krankenhaus eingeliefert werden musste, hatte sich Derek dazu gleichgültig verhalten. Er wollte nicht, dass man großes Aufhebens davon machte. Jetzt aber stimmte er zu, dass Chloe getauft wurde, denn uns wurde klar, dass wir sie verlieren würden. Der Krankenhauspfarrer taufte sie. Kurz nach der Taufe sagte ich zu Derek: »Der Heilige Geist ist hier.« Dabei wusste ich nichts vom Heiligen Geist. Gottes Liebe für mich war so wunderbar, dass er seinen Geist schickte, um mich in dieser schweren Zeit zu trösten. Ich spürte erstaunt, wie er mir Kraft und Frieden schenkte.

Als es zu Ende ging, sagte die Schwester, ich solle Chloe in den Arm nehmen, aber ich hatte Angst, ihr wehzutun. Die Schwester meinte jedoch: »Ich glaube, sie ist in Ihren Armen besser aufgehoben.« Ich nahm sie und sie starb in meinen Armen. Bevor das geschah, spürte ich Gottes Gegenwart. Ich fühlte, wie seine Liebe mich umgab und seine Arme mich so hielten, wie ich Chloe hielt.

Das Erstaunliche ist, dass ich nicht wusste, dass so etwas möglich ist. Ich war keine richtige Christin, denn ich ging nur aus Gewohnheit zur Kirche. Und doch hatte ich das physische Erlebnis seiner Liebe. Ich weinte, aber ich wurde nicht hysterisch. Meine Ruhe kam von ihm. Ich hatte das Gefühl, dass ich nicht das Recht besaß, sie zurückzuhalten. Obwohl mein Herz brach, als ich ihre kleine Hand hielt, wusste ich mit Sicherheit, dass sie bei Jesus war und dass er sich danach gesehnt hatte, sie zu halten und für sie zu sorgen.

Dann verließen wir das Krankenhaus und fuhren nach Hause. Wir hatten kein Kind mehr. Es war, als hätte man mich in eine Grube der Verzweiflung geworfen. Meine Welt bestand nur noch aus Dunkelheit. Ich fühlte mich, als müsste ich ersticken. Nichts konnte mich an die Oberfläche bringen. Ich konnte keine Freude mehr fühlen und war von grenzenloser Traurigkeit erfüllt, denn ein Teil von mir war gestorben.

Zu Weihnachten flogen wir wie geplant nach Florida. Als wir zurückkamen, traf ich Susie Farley, die ich vom Geburtsvorbereitungskurs kannte. Sie hatte ihren kleinen Sohn Harry bei sich und ich war ohne Kind. Natürlich fragte sie, wo

Chloe sei, und ich musste es ihr erzählen. Sie war sehr mit-
fühlend und fragte mich, ob ich Christin sei. Ich sagte, dass
ich es nicht wüsste, dass ich aber Gottes Liebe gespürt habe.
Susie fragte, ob ich zum Alpha-Kurs in ihrer Kirche mitkommen wolle. Wahrscheinlich wäre ich nicht gegangen, wenn sie
mich nicht hingefahren und Deidre, Lorna und einigen anderen vorgestellt hätte. Als ich dort ankam, fühlte ich dieselbe
Liebe, Freude und Helligkeit, die mich bei Chloes Tod getrö-
stet hatte.

Von diesem Moment an sah ich nicht mehr zurück. Der
Kurs hat mich aus dem Dunkel befreit. Die Menschen waren
sehr zartfühlend. Plötzlich wusste ich wieder, dass es den
Himmel gab, mit Vögeln und einem Regenbogen, und wunderbare Dinge, so weit das Auge reicht. Auf einmal war das
Leben wieder lebenswert. Auch Derek bemerkte den Unterschied. Er war misstrauisch, denn er dachte, ich sei an irgendeinen Kult geraten, und wollte dem schnell ein Ende bereiten.
Ich überredete ihn, mit mir zum nächsten Alpha-Kurs zu gehen. Mir zuliebe willigte er ein. In den ersten fünf Wochen
verhielt er sich ablehnend und hatte überzeugende Gründe,
warum er kein Christ wurde.

Nachdem wir bereits den halben Kurs absolviert hatten,
saß Derek eines Tages beim Friseur. Als er sich selbst im
Spiegel sah, bat er Gott, in sein Leben zu kommen. Er erklärte später, dass Gott ihm sofort antwortete und er das überwältigende Gefühl hatte, dass Jubel im Himmel herrscht. Es war,
als ob eine Stimme sagte: »Endlich! Wir haben dein ganzes
Leben lang darauf gewartet. Danke, dass du es getan hast!«

Danach veränderte sich unser Leben vollständig. Derek
kündigte und wir hatten fast ein Jahr für uns, bevor er wieder
arbeitete. Die Bibel spricht davon, dass Gott uns in einen wei-
ten Raum stellt. Das tat er mit uns. Er gab uns den nötigen
Raum, damit wir uns selbst finden und unseren Glauben festi-

gen konnten. Er sorgte für uns, wie nur er es kann. Er schenkte uns wunderbare Freunde, die uns näher stehen als alle, die wir vorher hatten. Sie beten für alle Belange unseres Lebens. Es sind Menschen unserer Hausgruppe, Mitglieder des Frauenkreises und andere Christen. In der gleichen Woche, in der Freya, unser zweites Kind, geboren wurde, erhielt Derek eine Anstellung, in der er sich sehr wohl fühlt. Das war ein erneuter Beweis für Gottes vollendete Zeiteinteilung in unserem Leben.

Kein Tag vergeht, an dem ich nicht um Chloe weine. Sie ist mir noch immer nah. Ein paar Monate nach ihrem Tod fragte ich: »Warum?« Sie war so vollkommen und ihr Tod schien mir so sinnlos. Ich spüre es, wenn Gott mir antwortet. Seine Antworten sind erstaunlich. Ich fühlte, dass er zu mir sagt: »Chloe ist im Himmel viel glücklicher, als sie je auf Erden hätte sein können.« Ich erwiderte: »Aber Herr, ich hatte sie so lieb und wollte ihr so viel Gutes tun.« Da sagte er: »Verstehst du jetzt, warum du mich mindestens ebenso sehr wie Chloe lieben musst? Es gibt so viel Gutes, das ich für dich tun will.«

Unsere kleine Freya ist ein wunderbares Kind und wir haben viel Freude an ihr. Bestimmt hätte sie ihre Schwester geliebt, denn sie ist ganz wild nach anderen Kindern. Über Trauer kommt man nicht hinweg wie über eine Krankheit, aber man lernt, mit dem Schmerz zu leben. Die Abwesenheit eines Menschen, den man liebt, ist am schwersten zu ertragen. Doch der Herr ist unsere Stärke. Er hat uns nie im Stich gelassen. Er heilt und tröstet uns durch seinen Geist und immer wieder gelangen wir in seinen Frieden. Seine Liebe ist kein Geheimnis. Wir müssen sie nur ersehnen. Durch Chloes Tod habe ich erfahren, dass wir durch Schmerzen erwachsen werden. Bei mir ist das buchstäblich über Nacht geschehen. Erwachsen werden heißt, Gottes Willen anzunehmen. Für mich war das der Augenblick der Erkenntnis. Ich fühlte mich, als hätte ich davor nur halb gelebt. Mein Geist wurde geweckt. Das war ein Aspekt meiner Existenz, der mir davor unbekannt war.

Der Herr muss mich mehr lieben, als ich je begreifen kann. Ich glaube, er wusste, dass ich seine Kraft niemals zurückweisen würde, wenn ich sie und seine Liebe erst einmal kenne. Nie werde ich vergessen, wie gütig er in meiner dunkelsten Stunde war. Vorher war ich ein Nichts und wäre es noch immer ohne ihn. Er ist das Zentrum meines Lebens.

Kapitel 11

Gebetsdienst

Was die Alpha-Kurse so aufregend macht, ist das Wirken des Heiligen Geistes unter uns. Sein Wirken bestimmt die Vorträge, die Diskussionsgruppen, die Bibelarbeiten, die seelsorgerliche Begleitung, die Organisation und alle anderen Aspekte von Alpha. Das Wort »Dienen« wird im Neuen Testament und in der heutigen Gemeinde in unterschiedlichem Sinn verwendet. In einer Hinsicht umfasst »Dienen« sicherlich alles, was in einer Gemeinde getan wird, und jeden Aspekt eines Alpha-Kurses. John Wimber hat »Dienst« folgendermaßen definiert: »Begegne den Nöten eines anderen auf der Grundlage von Gottes Möglichkeiten.« Im *New Bible Dictionary* heißt es: »In seiner frühesten Form ist der christliche Dienst charismatisch, das heißt, er ist ein Geschenk des Geistes oder eine übernatürliche Gabe, deren Ausübung von der Gegenwart des Heiligen Geistes in der Kirche Zeugnis gibt.«[27] In diesem Kapitel verwende ich diesen Ausdruck jedoch in einem engeren Sinn: »Gebetsdienst«. Das bedeutet, dass wir in der Kraft des Heiligen Geistes speziell für andere beten.

Eine der erstaunlichsten Geschichten des Alten Testaments ist der Bericht von dem Durchzug des Volkes Israels durch das Rote Meer unter der Führung Moses. Als die Israeliten das Meer erreichten, sagte Gott zu Mose: »Und du heb deinen Stab hoch, streck deine Hand über das Meer, und spalte es, damit die Israeliten auf trockenem Boden in das Meer hineinziehen können« (Ex 14,16). Gott trug Mose auf, seinen Teil dazu beizutragen, während er versprach, auch seinen Beitrag zu leisten, indem er das Meer teilte. Ich frage mich, was

Mose in diesem Augenblick wohl durch den Kopf gegangen sein mag. Er hätte wie ein Idiot dagestanden, wenn er seine Hand ausgestreckt und Gott das Wasser *nicht* geteilt hätte. Vielleicht hatte er sich vorgestellt, dass es viel leichter gewesen wäre, wenn Gott das Meer einfach ohne seine Mithilfe geteilt hätte. Doch wie so oft in der Bibel gibt es eine Zusammenarbeit zwischen Gott und uns. Gott bezieht uns in seine Pläne mit ein. Unsere Aufgabe dabei ist relativ einfach; Gottes dagegen ist nicht so leicht.

Mose wagte den Glaubensschritt und »streckte seine Hand über das Meer aus« (Ex 14,21). Gott antwortete und »[…] der Herr trieb die ganze Nacht das Meer durch einen starken Ostwind fort. Er ließ das Meer austrocknen, und das Wasser spaltete sich. Die Israeliten zogen auf trockenem Boden ins Meer hinein, während rechts und links von ihnen das Wasser wie eine Mauer stand« (Ex 14,21-22).

Gott hat sich nicht verändert. Diese Geschichte zeigt uns, dass Gott tut, was er verheißen hat, wenn wir tun, worum er uns bittet. Wenn wir für andere beten, schickt er seinen Heiligen Geist und verändert ihr Leben. In diesem Gebet für andere kann es darum gehen, dass sie mit dem Heiligen Geist erfüllt werden, eine Gabe empfangen (z. B. die Gabe des Sprachengebets) oder geheilt werden.

Der Wert des Gebetsdienstes

Überaus wichtig ist es zu erkennen, dass dies eine Gabe des Heiligen Geistes ist. Es ist nicht unsere Kraft, die Veränderungen bewirkt, sondern seine. Gott hat Mose um etwas sehr Einfaches gebeten; er brauchte nicht zu rufen, zu tanzen oder zu hüpfen. Auch wir fordern unsere Leiter auf, sich vollkommen natürlich zu geben und einfach sie selbst zu sein, den Glaubensschritt zu wagen, ihre Hände auszustrecken und Gott zu bitten, seinen Geist zu senden. Alles andere liegt bei ihm. Manchmal blickte ich mich während des Dienstes um und beobachte die Leiter und Helfer, die zum ersten Mal diesen Glaubensschritt wagen. Häufig liegt ein Ausdruck des Erstaunens, der Verwirrung und Freude auf ihrem Gesicht, wenn sie erkennen, wie Gott durch sie handelt.

Manchmal, wenn wir das außergewöhnliche Wirken des Heiligen Geistes sehen, neigen wir dazu, die »Frucht« zu betrachten und nicht den »Weinstock«. Doch wir müssen unseren Blick fest auf Jesus gerichtet halten. Jesus hat seine Jünger gelehrt, sich nicht von den wichtigsten Themen ablenken zu lassen. Als die zweiundsiebzig Jünger freudestrahlend von den Orten zurückkamen, zu denen sie gesandt worden waren, um zu dienen, sagten sie: »Herr, sogar die Dämonen gehorchen uns, wenn wir deinen Namen aussprechen« (Lk 10,17). Jesus erwiderte: »Ich sah den Satan wie einen Blitz vom Himmel fallen. Seht, ich habe euch die Vollmacht gegeben, auf Schlangen und Skorpione zu treten und die ganze Macht des Feindes zu überwinden. Nichts wird euch schaden können. Doch freut euch nicht darüber, daß euch die Geister gehorchen, sondern freut euch darüber, daß eure Namen im Himmel verzeichnet sind« (Lk 10,18-20).

Genauso wichtig ist es, dass aller Dienst unter der Autorität der Bibel geschieht. Der Geist Gottes und das geschriebene Wort Gottes widersprechen sich nie. Sie ergänzen sich gegenseitig. Gott wird niemals irgendetwas sagen oder tun, das nicht in Übereinstimmung mit seinem in der Bibel geoffenbarten Willen und Wesen steht. Weil das Wort Gottes und der Heilige Geist Hand in Hand gehen, machen wir unseren Leitern Mut, sich als Teil des Dienstes von den biblischen Wahrheiten und Verheißungen »durchtränken« zu lassen. Denn die Wahrheit macht die Menschen frei (vgl. Joh 8,32). Ich fordere sie auf, sich die wichtigen Bibelstellen zu vergegenwärtigen, die sich auf die einzelnen Bedürfnisse der Menschen beziehen, für die wir beten. Die folgenden Textstellen verwenden wir zum Beispiel sehr häufig: Psalm 51 (Reue), Psalm 91 (Furcht), Philipper 4,6-7 (Sorge), Psalm 37,5 (Führung), 1 Korinther 10,13 (Versuchung).

Unser drittes Anliegen im Gebetsdienst ist die Würde des einzelnen Menschen: Wenn wir die Menschen lieben, werden wir sie respektieren. Das bedeutet zuerst einmal, dass Verschwiegenheit zugesichert wird. Wenn die Leute uns Dinge aus ihrem Leben anvertrauen, müssen sie die Gewissheit haben, dass nichts davon nach außen dringt. Es wird nicht als »Gebetsanliegen« weitergegeben oder bei einem Helfertreffen besprochen.

Weiter müssen wir bestätigen und nicht verurteilen. Keinesfalls dürfen wir sagen: »Das ist deine Schuld«, wenn die Menschen nicht geheilt werden, oder andeuten, ihr Glaube sei nicht stark genug gewesen. Jesus hat niemals zu einem Menschen gesagt, er hätte nicht genügend Glauben gehabt und sei deshalb nicht geheilt worden. Gelegentlich tadelte Jesus seine Jünger, weil sie nicht genügend Glauben hatten (und wir sollten uns selbst fragen, ob *uns* der Glaube fehlt), aber er hat niemals einen Kranken auf diese Weise verurteilt. Wir sollten niemandem zusätzliche Lasten auferlegen, schon gar nicht einem Menschen, der krank ist. Wenn sie nicht geheilt werden, sollten wir auch niemals vorschlagen, sie sollten glauben, dass sie geheilt sind. Vielmehr sollten wir ihnen die Freiheit geben, zurückzukommen und erneut für sich beten zu lassen. Diese Gebete sollten immer leise gesprochen werden und jedes »über-geistliche« Gebaren und unnatürliche Eindringlichkeit sollte unter allen Umständen vermieden werden.

Der vierte wichtige Punkt sind harmonische Beziehungen. Jesus hat für seine Jünger gebetet: »So sollen sie vollendet

sein in der Einheit, damit die Welt erkennt, daß du mich gesandt hast und die Meinen ebenso geliebt hast wie mich« (Joh
17,23). Die Einheit des Volkes Gottes war Jesus sehr wichtig
und sollte auch uns wichtig sein. Wenn im Leitungsteam Einheit, Liebe und Vergebung fehlen, wird das Wirken des Heiligen Geistes behindert. Dann ist das Leiterteam ein schlechtes
Beispiel für die Kursteilnehmer. Die Gruppenleiter und Helfer
müssen sich unbedingt Zeit nehmen, gemeinsam zu beten, da
das Gebet der effektivste Weg ist, Ärgernisse zu klären und zu
beseitigen. Bei den Alpha-Kursen haben wir es uns zur Regel
gemacht, niemals eine andere Denomination, eine andere
christliche Gemeinde oder einen anderen Leiter zu kritisieren.
Wir bemühen uns darum, uns unablässig gegenseitig zu ermutigen und zu helfen. Ich rate jedem davon ab, negative Bemerkungen über ein anderes Teammitglied zu machen, auch
wenn es nur scherzhaft gemeint ist. Während des gemeinsamen Wochenendes sind wir äußerst vorsichtig und führen keine Sketche auf, die auch nur eine Andeutung von Zynismus
haben oder auf andere Weise negativ zu verstehen sind. Das
mag übertrieben erscheinen, aber in der Vergangenheit haben
wir festgestellt, dass sogar die beiläufigste Bemerkung katas-
trophale Auswirkungen haben kann.

Der fünfte Aspekt ist von größter Bedeutung für den »Leib
Christi«. Die christliche Gemeinschaft ist der Platz, an dem
unter dem schützenden Dach der Kirche langfristige Heilung
und geistliches Wachstum stattfinden. Darum fordern wir immer wieder dazu auf, dass sich jeder die Gruppe sucht, in der
er wachsen und sich entwickeln kann. Leiter und Helfer haben die Aufgabe, allen ihrer Fürsorge Anvertrauten dabei zu
helfen, eine solche Gruppe zu finden.

Ein Modell für den Gebetsdienst

Es ist von grundlegender Bedeutung, Werte zu haben, auf denen unser Dienst basiert, doch genauso wichtig ist es, ein Modell zu haben, mit dem wir uns wohl fühlen. Wir müssen überzeugt sein, dass damit alle Theorie in die Praxis umgesetzt werden kann und nicht reine Theorie bleibt. Im Laufe der Jahre, in denen die Alpha-Kurse bereits stattfinden, haben wir ein Modell entwickelt, das natürlich nicht der einzig mögliche Weg und nicht einmal unbedingt der beste Weg ist, aber es ist ein Modell, durch das, wie wir festgestellt haben, Gott wirkt, und es ist einfach genug, dass jeder es unbedenklich anwenden kann.

Wenn wir für einzelne Menschen beten, tun wir dies im Idealfall in entspannter Umgebung in einem Team von zwei, maximal drei Personen. Manchmal, zum Beispiel während des Sonntagmorgen-Gottesdienstes des gemeinsamen Alpha-Wochenendes über das Thema »Heiliger Geist«, gibt es so viele Leute, die für sich beten lassen wollen, dass nicht genügend Leiter und Helfer da sind. Bei diesen Gelegenheiten betet vielleicht nur einer für die betreffende Person. Wenn dies der Fall ist, so ist es die feste Regel, dass Männer für Männer und Frauen für Frauen beten. Während dieser Gebete bringt der Heilige Geist häufig sehr persönliche Dinge im Leben des Einzelnen ans Licht. Auch entsteht während dieser Augenblicke vielleicht eine sehr starke Bindung zwischen demjenigen, der betet, und demjenigen, für den gebetet wird. Wenn die beiden nicht dasselbe Geschlecht haben, besteht die Gefahr des Missverstehens oder der Missdeutung von Signalen. Wenn mehr als einer betet, sollte mindestens einer zum gleichen Geschlecht gehören wie der, für den gebetet wird.

Während dieser Gebetszeiten sollte eine Person die Leitung übernehmen und als solcher erkennbar sein durch die

Gebetsunterstützung der anderen Teammitglieder. Wenn mehr als eine Person versucht, die Leitung zu übernehmen, besteht die Gefahr, dass die Signale durcheinandergeraten. Es ist zum Beispiel nicht sehr hilfreich, wenn der eine sagt: »Halte fest« und der andere: »Lass los!«.

Soweit es möglich ist, sollte man sich einen ruhigen und abgeschiedenen Ort zum Beten suchen. Wenn sich viele Menschen im Raum befinden, sollte man darauf achten, dass andere nicht hören können, was gesagt wird, um Peinlichkeiten für die Person zu vermeiden, für die gebetet wird. Ich habe bereits erlebt, dass in höchst unangemessener Weise die Stimme erhoben und dass sogar geschrien wurde, was demjenigen, für den gebetet wurde, sichtlich unangenehm war.

Gewöhnlich fragen wir die Betreffenden, wofür wir beten sollen. Dann nehmen wir uns die Zeit, Verständnisschwierigkeiten, Glaubensfragen und fehlende Gewissheit anzugehen. Häufig besteht die Notwendigkeit, dass die betreffende Person zunächst Vergehen eingesteht und Gott um Vergebung bittet oder sogar selbst anderen vergibt. Fehlende Buße und Vergebung können das Wirken des Heiligen Geistes in unserem Leben sehr stark behindern.

Manchmal wird an diesem Punkt deutlich, dass der Betreffende noch gar nicht Christ ist. Jedes Teammitglied muss sicher sein, dass es einen Menschen zu Christus führen kann. Ich persönlich gehe gewöhnlich das Büchlein »Jesus!?« kurz durch und bitte den Betreffenden dann, das hinten im Buch niedergeschriebene Gebet zu sprechen. Oder ich frage ihn, ob er lieber erst noch einmal über das Ganze nachdenken möchte (es ist überaus wichtig, den Menschen immer einen »Fluchtweg« offen zu lassen, damit sie nicht das Gefühl haben, unter Druck gesetzt zu werden und etwas tun zu müssen, für das sie eigentlich noch nicht bereit sind). Wenn er bereit ist, das Gebet zu sprechen, bete ich für ihn und mache ihm Mut, das Gebet laut, langsam und mit Bedacht vorzulesen, und noch hinzuzufügen, was er möchte. Danach bete ich noch einmal für ihn und bitte den Heiligen Geist Gottes zu kommen und ihn zu erfüllen.

Andere sind vielleicht bereits Christen, haben aber Gott oder die Macht des Heiligen Geistes nie wirklich erfahren. Ihnen müssen wir mit Wahrheit, biblischen Illustrationen und Verheißungen Mut machen. Wir müssen uns mit allen ihren Schwierigkeiten auseinandersetzen. Sie sagen vielleicht: »Bin ich wirklich bereit?«, worauf die Antwort lauten kann, dass wir niemals vollkommen bereit sind. Einige sagen: »Ich bin unwürdig«, worauf wir antworten: »Wir alle sind unwürdig.« Häufiger jedoch finden wir das Gefühl, dass »ich das nie erleben kann«. Sie möchten vielleicht die Gabe des Sprachengebetes bekommen, sagen aber: »Ich könnte niemals in einer anderen Sprache reden.« Wieder müssen wir ihren Glauben stärken, indem wir sie auf die Verheißungen Gottes hinweisen (vgl. 1 Kor 14,2.4.14; Mt 7,11). Ein Aspekt des Glaubens ist es, eine Verheißung Gottes zu finden und es zu wagen, diese wirklich zu glauben!

Während wir für einen Menschen beten, stehen wir vor ihm, blicken ihn an und legen ihm die Hände auf, wenn keine Einwände erhoben werden. Dann bitten wir den Heiligen Geist mit geöffneten Augen zu kommen. Wir heißen ihn willkommen, wenn wir Zeichen seines Wirkens sehen, und warten auf Gott, während wir um weitere Führung bitten. Es ist wichtig, keine allgemeinen Gebete zu sprechen, zum Beispiel in jede vorstellbare Richtung abzuschweifen, weil man nicht mehr weiß, was man beten soll. Vielmehr sollten wir Gott im Stillen bitten, uns zu zeigen, was er tun oder sagen will, wie er den Betreffenden ermutigen und welche Gaben er schenken möchte.

Während des Alpha-Wochenendes bitten wir häufig darum, dass Menschen die Gabe des Sprachengebets bekommen (vgl. »Fragen an das Leben«, S. 137-142). Die Gabe des Sprachengebets hat sich bei vielen Menschen segensreich ausgewirkt. Sie ist eine der Gaben des Geistes, weder die einzige Gabe noch die wichtigste. Nicht alle Christen beten in anderen Sprachen und das Sprachengebet ist nicht unbedingt das Anzeichen dafür, dass man vom Geist erfüllt ist. Es ist durchaus möglich, vom Heiligen Geist erfüllt zu sein, ohne in anderen Sprachen zu beten. Andererseits begleitet diese Gabe nicht selten, sowohl im Alten Testament als auch im heutigen Christentum, die Erfüllung mit dem Heiligen Geist und sie kann die erste Begegnung mit dem deutlich übernatürlichen Wirken des Geistes sein. Wir sind davon überzeugt, dass uns im Neuen Testament versprochen wurde, dass alle Christen diese Gabe bekommen können, und darum beten wir mit großer Zuversicht, dass dies geschieht.

Die Kleingruppe ist der Ort, an dem man sich mit den Ängsten und dem Zögern der Menschen auseinandersetzt. Ich frage die Mitglieder der Kleingruppe, ob jemand in diesem Bereich bereits Erfahrungen gesammelt hat, gute oder schlechte. Wenn das der Fall ist, bitte ich sie, darüber zu berichten. Gewöhnlich ist auch jemand dabei, der selbst in Sprachen spricht und in der Lage ist zu erklären, was dies ist und welches die Vorteile sind.

Bei dem Gebet um die Gabe des »Zungenredens« habe ich festgestellt, dass die größte Barriere psychologischer Art ist -- den ersten Laut zu äußern. Wenn eine Person erst einmal den ersten Laut gesprochen hat, folgt der Rest in der Regel ganz natürlich. Um den Menschen zu helfen, diese Barriere zu überwinden, erkläre ich diese Schwierigkeit und schlage vor, dass sie zu Beginn mein Sprachengebet oder das eines anderen einfach nachsprechen. Dann fange ich an, langsam in Sprachen zu beten, so dass sie folgen können. Wenn sie den ersten Laut gesprochen haben, beten sie gewöhnlich in ihrer eigenen Sprache. Ich mache ihnen Mut, es zu probieren und sich dabei auf ihre Beziehung zu Gott zu konzentrieren und soweit wie möglich keine Hemmungen zu zeigen. Vielmehr sollten sie sich darauf konzentrieren, Gott in der neuen Sprache zu preisen, die er ihnen gegeben hat.

Nachdem wir das Gebet für einen Menschen (er möge mit dem Geist erfüllt werden, eine Gabe bekommen, geheilt werden oder anderes) abgeschlossen haben, sollten wir ihn fragen, was gerade passiert und was Gott zu ihm sagt. Wir sollten ihm Mut machen, an den Verheißungen Gottes festzuhalten und ihn vor möglichen Versuchungen warnen, die nun verstärkt auftreten können. Nach unserer Meinung ist es unmöglich, dass gar nichts passiert. Vielleicht spürt der Betreffende nicht sofort etwas, doch wenn wir den Geist Gottes bitten zu kommen, *wird* er kommen, denn er hat es versprochen. Die Menschen merken vielleicht erst Stunden oder sogar Tage später, dass etwas passiert ist, aber es wird sich unweigerlich etwas ereignen. Wir müssen ihnen Mut machen, mit uns in Verbindung zu bleiben und uns mitzuteilen, wie es ihnen geht. Dieser Vorgang sollte keine einmalige Erfahrung bleiben; sie sollten immer im Kontakt mit Gott bleiben und sich immer wieder neu mit dem Geist erfüllen lassen (vgl. Eph 5,18).

Gelegenheiten für den Gebetsdienst

Der Gebetsdienst findet gewöhnlich an dem gemeinsamen Wochenende statt. Im ersten Teil des Wochenendes beschäftigen wir uns normalerweise mit der Stärkung des Glaubens und dem Umgang mit Schwierigkeiten. Am Freitagabend wird ein sehr kurzer Vortrag über den Heiligen Geist gehalten, der auf Johannes, Kapitel 15, Vers 26 basiert. Ich versuche, diesen Vortrag sehr kurz und locker zu halten, da die Leute nach einer Arbeitswoche und einer langen Anfahrt häufig erschöpft und müde sind.

Am Samstagmorgen beschäftigen wir uns mit dem Thema »Wer ist der Heilige Geist?« und »Was bewirkt der Heilige Geist?« (vgl. »Fragen an das Leben«, Kapitel 7 und 8). Um 13.15 Uhr gehen wir dann in die Kleingruppen und sprechen über 1 Korinther, Kapitel 12, Verse 1-11. Dies gibt den Teilnehmern Gelegenheit, über die offensichtlichsten übernatürlichen Geistesgaben zu sprechen.

Am Samstagnachmittag besteht die Möglichkeit, mit einem erfahrenen (wenn auch nicht unbedingt professionell geschulten) Seelsorger zu sprechen. Wir hängen eine Liste der Seelsorger aus und die Leute können sich bei einem Seelsorger ihrer Wahl eintragen, um mit ihm über ihre Fragen oder Schwierigkeiten zu sprechen. Vielleicht möchten sie auch einfach nur für einen Bereich ihres Lebens mit ihm beten. Bei diesen Gesprächen nehmen einige Jesus Christus als ihren Herrn und Erlöser an, einige werden mit dem Heiligen Geist erfüllt, andere bekommen neue Gaben.

Am Samstagabend (um 17 Uhr) spreche ich über das Thema »Wie werde ich vom Heiligen Geist erfüllt?« (Kapitel 9 in »Fragen an das Leben«). Am Ende des Vortrags erkläre ich, dass ich den Heiligen Geist einladen werde, zu kommen und diejenigen zu erfüllen, die gern erfüllt werden möchten, und denen die Gabe des Sprachengebets zu geben, die sie gern empfangen möchten. Ich bitte alle aufzustehen, ihre Augen zu schließen und die Hände ausgestreckt vor sich zu halten, wenn sie empfangen möchten. Unsere Körpersprache drückt häufig aus, was wir empfinden, und wenn wir unsere Hände ausgestreckt vor uns halten, ist das eigentlich genau das, was wir tun, wenn wir ein Geschenk entgegennehmen wollen:

Diese Geste drückt die Bereitschaft eines Menschen aus, von Gott etwas zu empfangen.

Ich spreche dann ein Gebet, das die Teilnehmer in ihrem Herzen mitbeten können. Es ist ein Bußgebet, ein Gebet des Glaubens und der Hingabe an Jesus Christus. Danach bitte ich den Heiligen Geist, zu kommen und all jene zu erfüllen, die ihn in ihr Leben eingelassen haben. Dann warten wir und sehen, wie er kommt und handelt. Es ist jedes Mal anders und immer wieder aufregend zu sehen, wie Gott in unserer Mitte wirkt. Manchmal zeigt sich das Wirken des Geistes sichtbar. Einige sind so überwältigt vom Heiligen Geist, dass sie nicht stehen bleiben können. Andere sind so tief bewegt von der Liebe Gottes, dass Tränen ihre Wangen hinunterlaufen. Manche sind so voller Freude, dass sie anfangen zu lachen. Bei anderen wiederum gibt es keine äußeren Zeichen, aber das Wirken Gottes in ihrem Herzen bringt ihnen das Gefühl des Friedens und der festen Gewissheit seiner Gegenwart und Liebe. Alle sollten ermutigt werden und keiner sollte sich schuldig, zweitrangig oder gegen seinen Willen in etwas hineingedrängt fühlen.

Am Ende des Kurses gebe ich Fragebögen aus und erkundige mich erstens, ob die einzelnen Teilnehmer schon vor dem Kurs Christen waren, und zweitens, wie sie sich selbst nun beschreiben würden. Falls es eine Veränderung gegeben hat, bitte ich sie, zu beschreiben, wie sich diese Veränderung vollzogen hat. Bei vielen ist der Samstagabend der entscheidende Zeitpunkt des ganzen Wochenendes. Nachfolgend möchte ich Ihnen fünf Beispiele schildern, wie die Teilnehmer eines Alpha-Wochenendes ihre Erfahrungen beschrieben haben:

• »Nach dem Vortrag ›Wie werde ich vom Heiligen Geist erfüllt?‹ standen wir alle auf und der Heilige Geist erfüllte den Raum. Ich spürte, dass Gott wirklich existiert, darum lud ich Jesus ein, in mein Leben zu kommen, und seither lebt er in mir [...]. Auf einmal habe ich eine ganz neue Lebenseinstellung bekommen.«

- Die Veränderung geschah »während des Vortrags/Gottesdienstes am Samstagabend. Ich wurde mit dem Heiligen Geist erfüllt. Ich spürte, wie ein weißes Tuch mich reinwusch. Danach strömte ein helles Licht durch mich hindurch von meiner Taille, den Oberkörper hinauf und durch meinem Kopf – das Gefühl brachte mich dazu, die Arme zu heben.«

- »Ich war eigentlich nur im meinem Kopf Christ. Das änderte sich am Alpha-Wochenende, als Gott persönlich zu mir sprach. Ich bat ihn um seinen Heiligen Geist und das Ergebnis war elektrisierend.«

- Jemand, der sich zu Beginn des Kurses noch in der *New Age*-Bewegung engagierte, sagte, die Veränderung habe am Samstagabend eingesetzt, als »der Geist mich von Kopf bis Fuß schüttelte«.

- »Ich hatte ein phänomenales Erlebnis mit dem Heiligen Geistes, als er mich reinigte, mich von meinen alten Bindungen befreite, meine Sünden wegnahm und mich zu einem neuen Gipfel, zu einem neuen Leben führte. Ich fühlte mich geliebt. Es war der 20. Februar, als ich richtig zu leben begann!«

Nach dem Samstagabend antworten wir Gott mit Dankes- und Lobpreisliedern. Manchmal singen wir alle in Sprachen. Ich erkläre, dass das gemeinsame Singen in Sprachen ganz anders ist als das Sprachengebet. Das Singen in Sprachen ist eine gemeinsame, von dem Geist Gottes gewirkte Form des Lobpreises und der Anbetung Gottes. Manchmal sind es beinahe engelhafte Töne und die schönsten, die ich je gehört habe. Wenn die Menschen beginnen, in der Sprache zu singen, die Gott ihnen gegeben hat, ist auch dies eine hervorragende Gelegenheit, die Gabe des Sprachengebets zu bekommen.

Am Samstagabend beten wir in der Regel nicht für einzelne Menschen, es sei denn, es ist ihr ausdrücklicher Wunsch (was zu diesem Zeitpunkt häufig der Fall ist). Stattdessen findet nach dem Abendessen ein bunter Abend statt, der von einem Gruppenmitglied organisiert wird. An diesem Abend können die Leute sich entspannen und wieder zur Ruhe kommen, indem sie selbst mitspielen oder einfach nur zuschauen. Wir fordern jeden, der möchte, auf, einen Beitrag zu leisten. Gewöhnlich wird ein buntes Programm von musikalischen Beiträgen, Witzen und Sketchen geboten. Die Qualität ist oft sehr unterschiedlich, jedoch wird viel gelacht. Wir bemühen uns darum, dass der ganze Abend so positiv und erbaulich wie möglich verläuft.

Am Sonntagmorgen treffen wir uns um 9.45 Uhr in Kleingruppen, um uns zu vergewissern, dass es allen gut geht, und um Gelegenheit zu geben, über mögliche Fragen zu sprechen. Um 10.30 Uhr beginnt unser Abendmahlsgottesdienst. Dieser Teil des Wochenendes wird mit Singen und Beten eingeleitet. Danach hören die Teilnehmer einen Vortrag zum Thema »Wie führe ich als Christ ein optimales Leben?« (Vgl. »Fragen an das Leben«, Kapitel 15). Zum Schluss fordere ich die Teilnehmer auf, jeden Teil ihres Lebens Gott anzuvertrauen und »euch selbst als lebendiges und heiliges Opfer darzubringen« (Röm 12,1). Dies ist die angemessene Antwort auf alles, was Gott für uns getan hat. Man könnte einwenden, dass dieses Thema vor dem Vortrag über die Erfüllung mit dem Heiligen Geist kommen sollte; dass Gott uns, wenn wir die Türen öffnen, ganz mit seinem Geist ausfüllt. Ich bin sicher, das ist nicht ganz von der Hand zu weisen, doch in der Bibel läuft die Bewegung von ihm zu uns. Er segnet uns aus Gnade und Erbarmen und wir reagieren darauf, indem wir uns ihm aus

Liebe übereignen. Wenn wir beginnen, Gottes Liebe zu uns zu begreifen und zu erfahren, kann, während wir mit dem Heiligen Geist erfüllt werden, unsere einzige Antwort darauf nur sein, dass wir ihm alles geben.

An diesem Punkt machen wir ein paar Minuten Pause, gehen aufeinander zu und plaudern kurz miteinander. Normalerweise geht es dabei immer recht lebhaft und fröhlich zu! Anschließend singen wir ein Lobpreislied. Wir sammeln eine Spende ein, die dazu bestimmt ist, die Kosten des Wochenendes für diejenigen zu decken, die sich eine solche Ausgabe nicht leisten können. Immer wieder bin ich überwältigt, wenn ich sehe, dass wir meistens genauso viel einsammeln, wie fehlt. Die Leute lernen von Anfang an, anderen zu helfen, die weniger haben als sie.

Danach erkläre ich die Bedeutung des Abendmahls (an Hand des entsprechenden Kapitels in »Fragen an das Leben«, S. 224-225). Dies ist eine hervorragende Gelegenheit, etwas über den zentralen Gottesdienst des christlichen Glaubens weiterzugeben. Wir laden jeden ein, der Jesus Christus kennt und liebt, das Abendmahl zu empfangen, wenn er es möchte, ungeachtet seiner Denomination oder Vorgeschichte. Brot und Wein werden herumgereicht und diejenigen, die aus einem besonderen Grund nicht teilnehmen möchten, werden gebeten, es an ihren Nachbarn weiterzureichen. Viele spricht die wundervolle Einfachheit und Harmonie dieser Feier besonders an und einige erfahren zum ersten Mal die Liebe Gottes, während sie sich entspannen und Brot und Wein empfangen.

Nach dem Abendmahl fordere ich die Teilnehmer auf, sich zu erheben und den Heiligen Geist erneut zu bitten, zu kommen und unter uns zu wirken. Ich warte kurz und bitte die Mitglieder des Teams dann, mit denen zu beten, die ein Gebet wünschen. Hier ist es wichtig, dass jedes Mitglied des Teams den Mut und das Selbstvertrauen hat, für die Leute in seiner

Gruppe so zu beten, wie ich in diesem Kapitel bereits beschrieben habe. Das Gebet dauert eine Weile. Normalerweise beende ich gegen 13 Uhr den Gottesdienst mit einem Lied und dem Segen, doch in vielen Kleingruppen dauert das Gebet noch an, während wir anderen zum Mittagessen gehen.

Nach dem Mittagessen treffen wir uns um 14 Uhr, um unseren Gastgebern zu danken und organisatorische Dinge zu besprechen. Wir vereinbaren, uns beim Abendgottesdienst in unserer Gemeinde wieder zu treffen (diejenigen, die dorthin kommen können), und reservieren die ersten Reihen in der Kirche für diejenigen, die an dem gemeinsamen Wochenende teilgenommen haben. Für viele ist dies ihr erster Gottesdienstbesuch. Bei diesen Gelegenheiten herrschen immer große Aufregung und eine feierliche Stimmung. Auch jetzt noch wirkt der Heilige Geist und einige werden während des Abendgottesdienstes oder danach mit dem Heiligen Geist erfüllt.

Eine weitere ausgezeichnete Gelegenheit für die Kursteilnehmer, etwas über den Gebetsdienst zu erfahren, ist der Heilungs- bzw. Segnungsabend (vgl. »Fragen an das Leben«, Kapitel 13), der in der neunten Kurswoche stattfindet. Der Abend wird bis zum Kaffee um 21 Uhr ganz normal durchgeführt. Danach gehen wir jedoch nicht in die Kleingruppen, sondern bleiben für eine praktische Heilungssitzung zusammen.

An diesem Punkt geben wir Tips für ein Heilungsgebet. Diesem Modell folgen wir an diesem Abend (vgl. »Fragen an das Leben«, S. 208-211). Wir erklären, dass Gott manchmal Worte der Erkenntnis schenkt (vgl. 1 Kor 12,8), die uns zeigen, für wen wir nach dem Willen Gottes beten sollen, und die uns in diesem Bereich gleichzeitig eine Glaubenshilfe sind. Wir haben festgestellt, dass Leute diese Worte der Erkenntnis auf unterschiedliche Weise bekommen. Einigen steht vielleicht das Bild des Körperteils vor Augen, das Gott heilen möchte. Manche haben einfach nur einen Eindruck und wieder andere haben das Gefühl, bestimmte Worte zu hören oder zu sehen. Häufig empfangen wir Worte der Erkenntnis auch durch einen, wie wir es nennen, »Sympathie-Schmerz«: Jemand spürt einen Schmerz in seinem Körper, der, wie er genau weiß, nicht sein eigener ist.

Simon Dixon, unser Organist, spürte einen stechenden Schmerz, wenn er sich bewegte oder im Bereich seines Kinns oder Nackens berührt wurde. Über ein Jahr lang plagte er sich mit diesen Schmerzen herum. Man hatte ihm gesagt, man könne dagegen nichts tun. Unzählige medizinische Untersuchungen ließ er über sich ergehen, aber die Ärzte konnten nicht feststellen, was ihm fehlte. Schließlich lautete die Diagnose auf »Ohrneuralgie«. Er musste Unmengen von Tabletten einnehmen und manchmal war seine Sehfähigkeit davon beeinträchtigt. Emma, eine Frau in unser Gemeinde, hatte plötzlich Schmerzen in ihrem Kiefer, den sie für einen »Sympathie-Schmerz« und somit ein Wort der Erkenntnis hielt. Daraufhin wurde Simon Dixon nach einem Heilungsgebet so weit von seinen Schmerzen befreit, dass er keine Tabletten mehr nehmen musste. Nach einem zweiten Gebet wurde er vollkommen geheilt. Seither ist er kerngesund.

Nach dieser Erläuterung frage ich, ob jemand das Gefühl hat, ein Wort der Erkenntnis zu haben. Gewöhnlich gibt es viele (häufig vor allem diejenigen, die erst seit kurzer Zeit Christen sind und denen noch niemand gesagt hat, Gott würde zu seinem Volk heute nicht mehr sprechen). Sie rechnen damit, dass Gott zu ihnen spricht, und er tut es auch. Wir schreiben alle Worte der Erkenntnis nieder. Manchmal gehen wir die Liste nacheinander durch und bitten die betreffenden Personen, sich zu erkennen zu geben (vorausgesetzt natürlich, der beschriebene Zustand ruft keine Verlegenheit hervor). Bei anderen Gelegenheiten fordern wir einfach all jene, die geheilt werden möchten, auf, sich gleichzeitig zu erheben.

Als nächstes bitten wir einen von denen, die geheilt werden möchten (wenn sie dazu bereit sind), öffentlich für sich beten zu lassen. Zwei oder drei erfahrene Leute beten dann für die betreffende Person, um zu zeigen, wie man um Heilung betet. Der Leiter des Abends erklärt genau, was passiert.

Danach bitten wir zwei oder drei Leute, für alle die zu beten, die auf die Worte der Erkenntnis reagiert haben. Wir versuchen diejenigen, die die bestimmten Worte der Erkenntnis erhalten hatten, für diejenigen beten zu lassen, die darauf reagiert haben. Zu diesem Zeitpunkt sind fast alle Teilnehmer an dem Dienst beteiligt. Wenn es Personen gibt, die noch nicht beteiligt sind, schlagen wir ihnen vor, dass sie sich einer Gruppe anschließen und zusehen und von den Vorgängen lernen.

Es ist aufregend zu sehen, wie Menschen, die erst seit kurzer Zeit Christen sind, für andere, die sich in einer ähnlichen Situation befinden, beten – häufig mit großem Glauben. An diesen Abenden haben wir bemerkenswerte Heilungen und fast immer auch Bekehrungen erlebt. Bill, ein Teenager, brachte seine Mutter Judy, eine Nichtchristin, zu einem Alpha-Kurs mit. Der Kurs machte ihr Spaß, sie war jedoch ziemlich skeptisch in Bezug auf den Heilungsabend. An diesem Abend gab es ein Wort der Erkenntnis bezüglich einer Schulterverletzung. Sie antwortete darauf und wurde geheilt. Später sagte sie: »Während des Alpha-Kurses ist mir vieles passiert, das ich als Zufall abzutun versuchte, aber die Heilung konnte ich nicht als Zufall abtun. Ich betete in meinem Herzen und lud Jesus in mein Leben ein.« Seither hat sie schon bei vielen Alpha-Kursen als Helferin mitgewirkt. Mehr und mehr ist sie für die Organisation und Administration verantwortlich.

Der Dienst des Geistes ist ein wesentlicher Teil des Alpha-Kurses – ohne ihn wäre es kein richtiger Alpha-Kurs. Wir ha-

ben festgestellt, dass Gott immer wieder einfache Bitten er-
hört hat und uns seinen Geist geschickt hat. Als Folge davon
geschehen erstaunliche und grundlegende Veränderungen im
Leben der Menschen. Wir werden auch weiterhin miterleben,
wie Menschen Jesus Christus als ihren Herrn und Erlöser in
ihr Leben aufnehmen, mit dem Heiligen Geist erfüllt werden,
sich über Jesus freuen und ihre Freunde zum nächsten Alpha-
Kurs mitbringen.

Kapitel 12

Die Geschichte von Paul und Clinton Cowley

> Sechs Jahre lang sprach Paul Cowley nicht mit seinem Sohn Clinton: Nachdem er sich von Clintons Mutter scheiden ließ, als sein Sohn erst drei Jahre alt war, verlor er im Laufe der Jahre allmählich den Kontakt zu ihm. Vor vier Jahren nahm Paul schließlich an einem Alpha-Kurs der *Holy Trinity Brompton Church* teil, nachdem er die Gemeinde auf Empfehlung eines Freundes besucht hatte. Während dieses Kurses lud er Jesus Christus in sein Leben ein. In der Zwischenzeit war Clinton in seinem Heimatort Cambridgeshire immer mehr in die Drogenszene abgerutscht. Im Folgenden berichten Paul und Clinton – der mittlerweile siebzehn Jahre alt ist –, wie Gott sie wieder zusammengebracht hat und welchen bemerkenswerten Einfluss der Alpha-Kurs auf ihr Leben hatte.

Paul

Ich wurde in Manchester geboren. Mit fünfzehn verließ ich mein Elternhaus, weil ich ein Rebell war und meine Eltern nicht richtig mit mir umgehen konnten. Bald darauf ließ sich mein Vater von meiner Mutter scheiden. Als ich ihn fragte, warum er das getan hätte, sagte er, er hätte nur meinetwegen an der Ehe festgehalten und als ich fortgegangen sei, wäre von ihrer Beziehung nichts mehr übrig geblieben. Darum hätten sie sich getrennt.

Im Laufe der folgenden fünf Jahre schloss sich Paul einer Gruppe von Skinheads an. Mehrmals wurde er wegen Autodiebstahls verhaftet. Im Alter von zwanzig Jahren trat er in die Armee ein. Dort gefiel es ihm.

Zu dieser Zeit begegnete ich Lynn, die meine Freundin wurde. Nach meiner Ausbildung wurde ich nach Deutschland versetzt und wir mussten entscheiden, ob wir heiraten oder uns trennen wollten, weil sie als meine Freundin nicht mitkommen konnte. Sie musste mit mir verheiratet sein. Darum heirateten wir.

Ein Jahr später bekamen wir einen kleinen Sohn – Clinton. In Deutschland wohnten wir in Bergen. Ich stürzte mich mit Feuereifer in die Arbeit. Ich wollte weiterkommen und mir war es egal, auf wem ich herumtrampelte oder was ich dafür tun musste. Mein einziges Ziel war die Beförderung – und ich schaffte es auch in relativ kurzer Zeit.

Drei Jahre später ging Pauls Ehe in die Brüche und das Paar ließ sich scheiden. Paul erkannte, dass der Grund dafür sein grenzenloser Ehrgeiz in der Armee und eine »Reihe von Beziehungen zu anderen Frauen« war.

Die Jahre vergingen. Gelegentlich buchte ich einen Flug für Clinton zu dem Ort, an dem ich gerade stationiert war, damit wir eine Woche oder ein Wochenende zusammen verbringen konnten. Zu dieser Zeit hatte ich immer wieder wechselnde Beziehungen zu mehreren Frauen. Wenn er zu mir kam, lernte er die jeweilige Favoritin kennen.

Hielt ich mich in England auf, verbrachten wir jeweils einige Tage zwischen meinen Flügen miteinander, aber das war mir nicht besonders wichtig. Ich besuchte auch meine Mutter und meinen Vater, wenn ich im Land war, aber ich erzählte meinem Vater nicht, dass ich meine Mutter gesehen hatte, weil er dann ziemlich wütend wurde. Wenn ich meine Mutter besuchte, sprach ich auch nicht von meinem Vater. Und dann musste ich es ja auch immer noch einrichten, dass ich einige Zeit mit Clinton verbrachte. Unsere gemeinsame Zeit war jedesmal wundervoll, doch wenn ich wieder ging, weinte er immer. Er wollte mit mir zusammen sein, aber damit kam ich nicht klar.

Auf Zypern lernte Paul die Kunststudentin Amanda kennen und die beiden zogen zusammen.

In dieser Zeit wurde bei meiner Mutter Krebs diagnostiziert. Ich war damals in Warwickshire stationiert und Amanda und ich bewohnten dort ein Haus. Meine Mutter kam zu uns und wohnte bei uns. Kurz darauf starb sie. Das war ein ziemlicher Schlag, weil ich gerade wieder eine Beziehung zu ihr aufbaute. Ich war sehr wütend, aber Amanda war erstaunlich. Sie nahm mich bei der Hand und übernahm die Kontrolle.

Bei den Sachen meiner Mutter fand ich eine Bibel. Als ich sie aufschlug, sah ich, dass sie viele Stellen angestrichen hatte. In dieser Bibel stand auch ein Name und eine Telefonnummer. Amanda und ich riefen die Nummer an und sprachen mit einer Dame. Es stellte sich heraus, dass sie eine Freundin meiner Mutter aus Manchester war. Ich besuchte sie und sie erzählte mir, meine Mutter sei etwa zwei Jahre vor ihrem Tod zum Glauben an Jesus Christus gekommen. Nie hatte meine Mutter auch nur ein Wort darüber verloren. Das hat mich ziemlich umgehauen, denn sie war an sich recht hart und ließ sich nicht so leicht von etwas überzeugen. Ich konnte einfach nicht begreifen, dass sie Christin gewesen sein sollte …

Gelegentlich kam Clinton zu uns – mit Amanda ist er immer gut ausgekommen –, doch allmählich stellte er seine Besuche ein und wir verloren den Kontakt zueinander. Ich muss gestehen, dass mir Amanda damals wichtiger war als er.

Paul trat aus der Armee aus und fand eine Anstellung in einem Fitnesscenter in Mayfair.

Amanda machte mir immer wieder Mut, an Clinton zu schreiben, was mir sehr schwer fiel, weil er nie antwortete. Sie sagte: »Du musst den Kontakt aufrecht halten! Du musst diese Tür offen halten!« Also schrieb ich. Manchmal war ich ein wenig zynisch deswegen, doch ich hielt den Kontakt. Aber nie habe ich eine Antwort bekommen.

Kurz darauf besuchten Amanda und ich übers Wochenende Freunde in Rye an der Südküste Englands. Am Sonntagmorgen machten wir einen langen Spaziergang am Strand und plötzlich sagte ich zu Amanda: »Ich möchte in die Kirche gehen.« Amanda fiel beinahe in Ohnmacht und sagte: »Was heißt das, du möchtest in die Kirche gehen?« Ich erwiderte: »Na ja, mir ist einfach danach, in die Kirche zu gehen.« Sie entgegnete: »Bestimmt wirst du dich schrecklich langweilen.« Aber wir gingen – und ich langweilte mich tatsächlich.

In den folgenden acht Monaten besuchte Paul eine Reihe von Kirchen in der Nähe von London, entschied sich dann aber für die Holy Trinity Brompton Church.

Jemand schlug mir den Alpha-Kurs vor und ich dachte: Wenn ich Mechaniker werden wollte, würde ich auch eine Ausbildung machen. Dies schien ein Kurs für Menschen zu sein, die mehr über Gott erfahren wollten. Also beschäftigte ich mich mit der Literatur und Amanda und ich nahmen an dem Kurs teil. Wir kamen in die Gruppe eines gewissen Geoff Wilmot und ich bin sicher, wir waren Geoff Wilmots Alptraum. Ich habe bestimmt jede Frage gestellt, die es gab. Oft hat Amanda mir gesagt, ich solle still sein, aber ich wusste nichts und wollte alles erfahren. Ich wollte die ganzen 2 000 Jahre Christentum erklärt haben! Geoff war einfach großartig – so geduldig.

Amanda und ich absolvierten also gemeinsam diesen Kurs. Danach wurden wir gebeten, als Helfer am nächsten Kurs teilzunehmen, und wir waren einverstanden. Noch vor dem Ende des zweiten Kurses hörte ich auf, die Sache mit dem Kopf zu betrachten, sondern konzentrierte mich mehr darauf, mein Herz hineinzulegen.

Ich erinnere mich, in der Bibel gelesen zu haben, dass Jesus gesagt hatte: »Wer das Reich Gottes nicht so annimmt wie ein Kind, der wird nicht hineinkommen.« Ich dachte: Was heißt das: »wie ein Kind«? Ich musste an Clinton denken und an das Vertrauen, das er mir immer entgegengebracht hatte. Also sagte ich mir: »Ich werde wie ein Kind zu Jesus kommen.« So nahm ich Jesus als meinen Herrn und Erlöser in mein Leben auf. Ich gab ihm mein Herz und vertraute mich ihm völlig an.

Amanda, die etwas Ähnliches bereits mit dreizehn erlebt, aber nicht daran festgehalten hatte, folgte nur kurze Zeit später meinem Beispiel. Nachdem ich mich Gott anvertraut hatte, veränderte sich meine gesamte Vorstellung vom Leben. Es war, als wäre ein Schleier von meinen Augen genommen. Ich hatte eine vollkommen andere Lebensperspektive.

Kurz darauf heirateten Paul und Amanda. Gemeinsam mit ihrer Gemeindegruppe beteten sie, dass eine Versöhnung mit Clinton zu Stande kommen möge, dem Paul auch weiterhin regelmäßig schrieb. Erst zwei Jahre später nahm Clinton Kontakt auf.

Aus heiterem Himmel bekam ich einen Telefonanruf in meinem Büro: »Ich möchte dich besuchen, Dad.«

»Ist gut. Wann?«

»Heute.«

Ich sagte: »Wann heute?«

Er antwortete: »Ich komme um sieben Uhr am King's Cross an.«

Sechs Jahre lange hatte ich ihn weder gesehen noch mit ihm gesprochen.

Es war Dienstagabend – der Abend unseres Hausbibelkreises (mittlerweile leiteten wir selbst einen) – und ich sagte Amanda, ich brauche viel Gebetsunterstützung für diese Begegnung. Sie brachte die ganze Gruppe dazu, für dieses Treffen um sieben Uhr zu beten. Als ich zur *King's Cross Station* kam, entdeckte ich ihn. Bei unserer letzten Begegnung war er ein kleiner, süßer Junge gewesen und jetzt kam dieser »Rowdy« auf mich zu. Er trug eine dunkle Sonnenbrille und einen kleinen Koffer. Ich hatte schreckliche Angst, ehrlich.

Anfangs war es schwierig, ein Gespräch in Gang zu bringen. Wir gingen etwas essen, nur ich und Clint. Ich nahm ihn mit nach Hause und wir redeten und redeten. Wir sprachen über Jesus, über Clintons Leben, über seinen Selbstmordversuch. Wir sprachen über alles mögliche.

Durch Beziehungen konnte ich ihm einen Job verschaffen. Er begann zu arbeiten. Nun musste er sich wenigstens ordentlich anziehen.

Ich betete intensiv dafür, dass Clinton zu einem Alpha-Kurs gehen möge, aber ich wollte ihn nicht drängen. Eines Tages schließlich, als wir uns für den Gottesdienst fertig machten, sagte er: »Ach, ich komme mit.« Das war vor sieben Monaten. Er begleitete uns und saß neben uns in der Kirche. Dann kam er wieder mit. Er machte alle möglichen Phasen durch, die besonders aggressive, danach die gemäßigte, und schließlich war er bereit aufzustehen und mitzusingen. Und dann sagte er: »Ich könnte eigentlich mal den Alpha-Kurs machen, Dad.«

Ich sagte: »Prima, das wäre großartig.« Innerlich tanzte und sang ich vor Glück!

Eines Abends, nachdem er etwa die Hälfte des Kurses hinter sich hatte, sagte er zu mir: »Erzählt mir ein wenig über Jesus und den ganzen Kram.« Das taten wir, Amanda und ich. Schließlich beteten wir und er lud Jesus Christus noch an diesem Abend ein, in sein Leben zu kommen, was absolut erstaunlich war. Sein Leben veränderte sich. Er begann, für bestimmte Dinge zu beten. Er hörte auf, Drogen zu nehmen. Er hat sogar mit dem Rauchen aufgehört und macht gerade eine Weiterbildung an seiner Arbeitsstelle.

Clinton

Ich wurde 1978 in Stockport geboren. Ich lebte etwa sechs Monate dort, bevor ich mit meinen Eltern nach Deutschland zog. Als ich etwa drei war, trennten sie sich. Ich erinnere mich nur vage daran. Ich weiß nur noch, dass sie viel gestritten haben. Meine Mutter und ich zogen in das Haus eines Freundes in Chester. Schließlich lernte meine Mutter meinen Stiefvater kennen und nach etwa einem Jahr zogen sie zusammen. Mit ihm kam ich überhaupt nicht klar. Ich konnte ihn einfach nicht als Vater akzeptieren. Ein- oder zweimal im Jahr besuchte ich meinen richtigen Vater, wenn er gerade im Land war. Als ich zehn Jahre alt war, zogen wir nach Cambridge.

Sowohl meine Mutter als auch mein Stiefvater waren Karrieretypen, darum musste ich nach der Schule für drei oder vier Stunden zu einer Tagesmutter gehen, bis mich meine Mutter dann gegen fünf oder sechs Uhr abholte. Zu der Tagesmutter ging ich überhaupt nicht gern, darum war ich ziemlich aufsässig.

Mit dreizehn besuchte ich die weiterführende Schule. Ich begann, mich mit meinen Mitschülern zu prügeln. Ich zündelte gern herum, zerstörte, wo und was ich nur konnte, und prü-

gelte mich ständig. Ich inszenierte Bandenkriege und schwänzte die Schule.

*Clinton begann, Drogen zu nehmen – Rauschgift, Speed und
LSD –, und schon bald musste er dealen, um seinen Stoff bezahlen zu können. Innerhalb kürzester Zeit war er in die Dro-
genszene abgerutscht.*

So komisch es klingt: Drogen schützen die Leute in einer
gewissen Hinsicht. Es gibt keine Liste von Regeln, aber man
lernt schnell. Wenn man die Leute richtig behandelt und viel
kauft und verkauft, wenn man immer seine Rechnungen bezahlt und niemals verrät, woher man das Zeug hat, wird man
weit kommen und niemals Probleme haben.

Ich war etwa fünfzehn oder sechzehn, als ich *Ecstasy* pro-
bierte, und das war wirklich lustig. Ich hatte ein Motorrad bekommen und wir beschlossen, das Zeug in Clubs zu verkau-
fen. Ich verkaufte alles, was die Leute wollten. Das Problem
bei Drogen ist, dass sie einen nur bis zu einem gewissen Maß
aufbauen und man dann etwas anderes braucht, also nimmt
man eine andere Tablette. Dann baut es einen weiter auf, aber
niemals bekommt man ganz das, wonach man sucht, niemals.
Ich stieg aus. Die Schule war mir egal. Mir war alles egal.

*Clinton sah seine Mutter nur sehr selten. Er hinterließ gele-
gentlich eine Nachricht zu Hause, dass er woanders über-
nachtete. Und eines Tages betrachtete er sich im Spiegel und
machte sich Sorgen, dass er langsam, aber sicher drogenab-
hängig wurde. An diesem Tag traf er zufällig seine Mutter in
einem Geschäft ...*

Ich ging in dieses Geschäft. Es war ein sonniger Tag und ich
war vollgedröhnt mit Drogen. Ich lief in dem Geschäft herum
und warf einen Verkaufsständer um. Gerade als ich wieder ge-

hen wollte, kam meine Mutter zu mir, tippte mir auf die Schulter und sagte: »Für wen hältst du dich eigentlich?«

Ich sagte: »Für wen hältst du mich denn?«

»Seit Tagen bist du nicht nach Hause gekommen. Du bist sechzehn Jahre alt. Was treibst du eigentlich die ganze Zeit?«

Das war einfach zu viel – damit wurde ich nicht fertig. Dann fing sie auch noch zu weinen an. Sie sagte: »Du wirst genau wie dein Vater.« Ich kannte meinen Dad nicht so gut. Mutter hatte die schillernde Vergangenheit meines Vaters vor mir immer geheim gehalten.

»Warum bist du nur so?«, fragte sie.

Ich sagte: »Ich habe etwas sehr Schlechtes getan, aber ich kann es dir nicht erzählen.« An diesem Punkt schämte ich mich so sehr. Mehr als je zuvor in meinem Leben.

Ich sah sie nur an und sie weinte. Meine Mutter ist durchaus kein besonders emotionaler Mensch. Sie weint nicht oft, aber als sie in diesem Geschäft vor mir stand, weinte sie und ich hatte das Gefühl, als läge die Schuld der ganzen Welt auf meinen Schultern. Ich sagte: »Ich kann es dir nicht erzählen.« Sie umarmte mich und sagte: »Ich denke, du solltest einmal deinen Vater besuchen. Auch er ist in seiner Jugend ziemlich über die Stränge geschlagen.« Meine Mutter war vorher immer dagegen gewesen, dass ich meinen Vater besuchte.

»In Ordnung«, sagte ich, weil ich sie loswerden wollte. Das Ganze wurde mir zu emotional. Ich war nicht der Typ, der weinte. Normalerweise war ich hart im Nehmen, doch ich spürte, wie mir die Tränen in die Augen stiegen.

An diesem Abend hätte Clinton beinahe Selbstmord began-
gen. Er erinnert sich: »Ich saß einfach da und sagte zum
Himmel: ›Wenn dort oben jemand ist, dann hilfst du mir bes-
ser jetzt, weil ich sonst nämlich an einer Überdosis oder so

*sterben werde.‹ Am folgenden Morgen rief ihn seine Mutter
bei seinem Freund an und gab ihm die Telefonnummer seines
Vaters.*

Ich rief ihn vom Haus meines Freundes aus an. Mein Vater
lebte in London und sagte: »Möchtest du nach London kommen?« Ich sagte: »Okay.« Er sagte: »Heute?« Und ich antwortete: »Okay.« Ich stieg einfach in den Zug und ließ mich
auf dem Weg nach London von meiner Musik berieseln. Ich
war an dem Punkt angekommen, an dem mir alles egal war.

Ich habe nicht viel gedacht, als ich ihn gesehen habe. Ich
erkannte ihn, als er näher kam. Er umarmte mich und das war
mir unangenehm. Er sagte: »Wollen wir etwas essen gehen?«
Den ganzen Abend über fragte er immer wieder: »Was ist los?«

An diesem Abend lernte ich Amanda, Dads Frau, kennen.
Wir gingen in seine Wohnung und sie kam und umarmte
mich. Das war mir peinlich. Ich wusste ja nicht, dass sie drei
Jahre für mich gebetet hatten. Für mich war das keine große
Sache.

Für sie muss es ein Wunder gewesen sein.

Am folgenden Tag gingen wir zum Mittagessen und mein
Dad fragte: »Sind es Drogen?« Er ist ziemlich direkt. Ich antwortete: »Ja.« Dann begann ich zu weinen und die ganze Geschichte kam heraus. Wir saßen in einem Kaffeehaus und ich
erzählte ihm alles.

*Clinton zog zu seinem Vater und seiner Stiefmutter nach Lon-
don und nahm einen Job an, den sein Vater ihm besorgt hatte.*

Immer wieder sagte Dad zu mir: »Du solltest einmal einen
Alpha-Kurs besuchen.« Ich weigerte mich immer mit Händen
und Füßen – aber schließlich sagte ich: »In Ordnung, ich mache es.« Einige Vorträge schwänzte ich einfach. Im Grunde

genommen interessierte mich das Ganze nicht besonders. Wenn ich hinging, schlief ich während der Vorträge ein.

Bei dem Alpha-Wochenende war ich ziemlich ruhelos. Um ein Uhr morgens ging ich mit den anderen jungen Leuten an den Strand. Ich erzählte meinem Gruppenleiter von meinem Leben und weinte, als ich ihm sagte, ich wüsste gar nicht, warum ich zum Alpha-Kurs und zur Kirche ginge. Ich fühlte mich schrecklich schuldig, weil mein altes Ich wieder an die Oberfläche kam. Ich begann zu erkennen, was ich einigen Leuten angetan hatte. Ich hatte sie zum Beispiel zusammengeschlagen oder ihr Leben durch Drogen zerstört. Bill sagte mir immer wieder, ich könnte Vergebung bekommen, doch ich hatte das Gefühl, dass meine Schuld niemals vergeben werden könnte. Ich schämte mich so.

Eines Abends kam ich nach Hause und teilte meinem Vater mit, ich hätte genug von der Arbeit und das wär's. Wieder begann ich zu weinen. Ich hatte in der letzten Zeit häufig geweint und wusste nicht, was los war. Dad sagte: »Sollen wir dafür beten?« Ich antwortete: »Wenn's sein muss.« Ich dachte, er würde ein schnelles Gebet sprechen oder so etwas. Amanda und Dad setzten sich neben mich auf das Sofa und legten ihre Hände auf mich. Ich war so verzweifelt, dass mir alles egal war, und ich dachte: Was soll's. Wenn ihr was für mich tun könnt, egal, was es ist, um so besser. Ich rechnete mit einem schnellen Gebet: »Herr, nimm diesen Schmerz von ihm. Amen« oder so etwas. Aber es war ein sehr langes Gebet, in dem Dad Gott bat, mir zu vergeben und in mein Leben zu kommen. Es war richtig schön. Ich selbst sagte nichts. Ich fühlte mich nur so leicht. Ich stand auf und fühlte mich einfach besser. Ich habe es nie gesagt, aber an diesem Tag bin ich Christ geworden – das glaube ich zumindest. Ich wiederholte den Alpha-Kurs. Dieses Mal ging ich regelmäßig hin, doch trotzdem betrank ich mich an dem gemeinsamen Wochenende. Ich hörte mir alle Vorträge an.

Im Laufe der Wochen und Monate habe ich Gott besser kennen gelernt. Jetzt bin ich hundertprozentiger Christ: Ich habe immer noch meine Schwierigkeiten wie jeder andere auch. Ich werde mit Versuchungen konfrontiert, aber ich werde immer stärker.

Als ich Drogen nahm, habe ich alles verloren: meine Familie, meine Freunde, mein Heim, jeden Penny, meinen Anstand und meinen Respekt vor mir selbst. Alles. Ich musste wieder ganz von vorn beginnen. Das habe ich in den elf Monaten getan. Gott hat mein Leben von Grund auf umgestaltet. In den vergangenen elf Monaten bin ich drei- oder viermal zu Hause bei meiner Mutter gewesen. Sie merkt, dass ich mich verändert habe, obwohl sie noch nichts gesagt hat.

Ich weiß jetzt, dass Gott mir vergeben hat. Ich bete unablässig. Ich muss beten, um zu leben, weil ich ohne Gebet nicht mehr leben kann. Meine Beziehung zu meinem Dad ist jetzt sehr gut. Wir haben vieles aufgearbeitet. Ich habe ihm von Herzen vergeben.

Liste der Alpha-Vorträge

Zum Alpha-Kurs gehören die folgenden fünfzehn Vortrags-themen:

1. Christsein – uninteressant, unwahr und unbedeutend?
2. Wer ist Jesus?
3. Warum starb Jesus?
4. Woher weiß ich, dass ich an die Wahrheit glaube?
5. Warum und wie soll ich die Bibel lesen?
6. Warum und wie bete ich?
7. Wer ist der Heilige Geist?
8. Was bewirkt der Heilige Geist?
9. Wie werde ich vom Heiligen Geist erfüllt?
10. Wie widerstehe ich dem Bösen?
11. Wie führt uns Gott?
12. Parole Weitersagen – warum und wie?
13. Heilt Gott auch heute noch Krankheiten?
14. Welchen Stellenwert hat die Kirche?
15. Wie führe ich als Christ ein optimales Leben?

Der erste Vortrag wird bei dem Abschlussfest am Ende eines jeden Kurses gehalten. Die Vorträge 8, 9, 10 und 15 sind dem gemeinsamen Wochenende vorbehalten. Der beste Zeitpunkt für dieses gemeinsame Wochenende ist etwa in der Mitte des Kurses, was jedoch frei entschieden werden kann. Wenn es erst später stattfindet, sollte die Reihenfolge der Vorträge entsprechend geändert werden. Es ist auf jeden Fall sinnvoll, das Thema »Wie widerstehe ich dem Bösen?« unmittelbar nach diesem Wochenende zu besprechen, auch wenn dies bedeutet, dass die Reihenfolge der Vorträge ein wenig umgestellt werden muss. Nach unserer Erfahrung ist dieses Thema zu diesem Zeitpunkt überaus wichtig.

Organisation
von Philippa Pearson Miles

Bei einem Alpha-Kurs gibt es eine Menge harter Arbeit hinter den Kulissen und jede Aufgabe ist gleich wichtig. Unser Ziel ist es, alles hundertprozentig richtig zu machen. Die Gäste, die an diesem Kurs teilnehmen, sollen merken, dass wir keine Mühe scheuen und dass alles reibungslos funktioniert.

Einiges aus diesem Kapitel gilt nur für die größeren Kurse, bei denen der Kursleiter als erstes eine Person aussuchen sollte, die die Organisation in die Hand nimmt.

Festlegen des Termins

Vergewissern Sie sich, dass der Alpha-Kurs nicht mit einem Termin zusammenfällt, der die Leute davon abhalten wird zu kommen, zum Beispiel Weihnachts-, Oster- oder Sommerferien. Denken Sie daran, dass noch Zeit für das große Abschlussfest am Ende eines Kurses und die drei Trainingssitzungen bleiben muss. Wenn Sie einen Alpha-Vormittagskurs (vgl. Anhang C) abhalten, sollten Sie sich an das Schuljahr halten und für die Ferien eine Pause einlegen. Wir empfehlen Ihnen, das gemeinsame Wochenende keinesfalls während der Schulferien zu planen.

Vorbereitung des Informationsmaterials

Stellen Sie ansprechendes Informationsmaterial mit allen wichtigen Einzelheiten zusammen. Dabei können Sie ruhig das

Alpha-Logo verwenden. Alternativ können Sie auch einen einfachen Brief aufsetzen, in dem alle Daten stehen und der mit einem Anmeldeabschnitt versehen ist.

Zusammenstellung des Teams

Nehmen Sie als erstes Kontakt zu den Leitern Ihrer Hausbibelkreise auf und bitten Sie sie, Ihnen Personen vorzuschlagen, die in einem Alpha-Kurs als Leiter oder Helfer mitarbeiten könnten. Es ist unglaublich wichtig, die richtigen Leute dafür zu bekommen (vgl. Kapitel 3: »Praktische Durchführung«). Voraussetzung ist, dass sie mit ganzem Herzen dabei sind, denn wenn die Leiter nicht regelmäßig kommen, tun es die Teilnehmer erst recht nicht.

Machen Sie ihnen klar, dass sie nicht nur an den zehn Kursabenden anwesend sein sollten, sondern auch an den drei Trainingsabenden teilnehmen müssen. Ihre Aufgabe ist auch,

nach dem Kurs Kontakt zu den Teilnehmern zu halten, sie an einen Hausbibelkreis zu verweisen und sie in die Gemeinde zu integrieren. Bestehen Sie darauf, dass alle Leiter und Helfer zu den Trainingsabenden kommen. Wenn ihnen das nicht möglich ist, bitten Sie sie, sich die Kassette anzuhören. Auch wenn einige aus Ihrem Team bereits bei mehreren Alpha-Kursen

mitgeholfen haben, sollten sie zu jedem der drei Trainings-
abende kommen. Machen Sie allen klar, dass jede Kleingruppe
des Alpha-Kurses anders ist. Bitten Sie Leiter und Helfer,
regelmäßig für jeden Teilnehmer seiner Gruppe zu beten.

Die Leitung der Gruppen bestimmen

Dies kann eine sehr langwierige Angelegenheit sein; räumen
Sie sich darum genügend Zeit dafür ein. Machen Sie Ihrem
Team klar, dass jeder bereit sein sollte, jede Aufgabe zu über-
nehmen, von der Gruppenleitung bis zum Geschirrspülen.

Stellen Sie die Gruppen in erster Linie altersmäßig zusammen und denken Sie sorgfältig über die Dynamik innerhalb
einer Gruppe nach: Die Ausgewogenheit der Charaktere, des
sozialen Hintergrunds, der Berufe etc. sind sehr wichtig. Gut
ist es auch, ein Leitungsteam auszuwählen, dass zu demselben Hauskreis gehört, damit nach dem Kurs für die Gäste die
Kontinuität gewahrt bleibt, obwohl das nicht immer möglich
ist. Besser ist es, ein Team zusammenzustellen, das gut miteinander auskommt. Versuchen Sie, wenn möglich, eine Person
aus dem Team zu bestimmen, die die Organisation in die
Hand nimmt, vorzugsweise jemand, der in dieser Hinsicht be-
gabt ist und jede Woche an den Organisations- und Gebetstreffen teilnehmen kann.

Werbung

Die effektivste Werbung für einen Alpha-Kurs ist das Abschlussfest am Ende eines Kurses. Die Gäste können ihre
Freunde dazu einladen, um ihnen zu zeigen, was sie in den
vergangenen zehn Wochen getan haben. (Auf dieses Fest wird
in diesem Anhang noch näher eingegangen werden.)

Die beiden Sonntage vor Kursbeginn sollten »Alpha-Sonntage« sein. In der *Holy Trinity Brompton Church* findet am ersten Sonntag ein regulärer Gottesdienst statt, in dem der Alpha-Kurs angekündigt und ein Zeugnis gehört wird. Der zweite Sonntag ist ein Gästegottesdienst, zu dem die Gemeindemitglieder ihre Freunde und Familien einladen sollten. Dieser Gottesdienst ist kurz und die Predigt evangelistisch ausgerichtet. Wieder wird der Alpha-Kurs angekündigt und ein Zeugnis gegeben. Informationsmaterial und Exemplare des Büchleins »Jesus!?« werden nach dem Gottesdienst an alle Gäste verteilt. Ein Alpha-Team mit Alpha-T-Shirts steht bereit, um Fragen zu beantworten.

Vorschlag für den Ablauf eines Gästegottesdienstes

10.30 Uhr	Begrüßung und Lied
10.35 Uhr	Erklärungen zum Alpha-Kurs und ein oder zwei Zeugnisse von Leuten, die gerade den letzten Kurs abgeschlossen haben. Wir empfehlen, zu diesem Zeitpunkt keine weitere Werbung für den Kurs zu machen.
10.45 Uhr	Gebet – kurz und allgemein, nicht unbedingt für die im Gottesdienst anwesenden Gäste
10.50 Uhr	Lobpreis und Anbetung
11.05 Uhr	Predigt, evangelistisch und herausfordernd
11.35 Uhr	Lied
11.40 Uhr	Abschlussgebet, Segen und Angebot zum persönlichen Gebetsdienst.

Andere Gemeinden haben die Erfahrung gemacht, dass eine Ankündigung im Gemeindebrief sinnvoll ist. Eine Möglichkeit ist auch, den Einwohnern Ihres Ortes oder Stadtteiles eine persönliche Einladung zu schicken.

Einteilung der Gäste in bestimmten Gruppen

Häufig haben Sie nur wenige Informationen über Ihre Gäste. Auf dem Anmeldeformular stehen Name, Adresse, Telefonnummer und Alter; vielleicht können Sie der Handschrift einiges entnehmen.

Denken Sie daran, dass jeder ein Individuum ist. In der *Holy Trinity Brompton Church* beten wir über jeder einzelnen Anmeldung und bitten Gott um Führung. Wenn sich jemand in seiner Gruppe nicht wohl fühlt, kommt er vielleicht nicht wieder, darum ist es sehr wichtig, die richtigen Gruppen zusammenzustellen. Wenn Sie das Gefühl haben, dass es einen stichhaltigen Grund dafür gibt (z. B. ein großer Altersunterschied zu den anderen Teilnehmern), dass jemand in eine andere Gruppe überwechselt, nehmen Sie diesen Wechsel sofort in der ersten Woche vor, weil sich das sonst sowohl für die neue Gruppe als auch auf den Einzelnen negativ auswirken kann.

Wenn ein Gast mit einem anderen aus dem Team befreundet ist, versuchen Sie so viel wie möglich über ihn zu erfahren, damit Sie ihn der richtigen Gruppe zuordnen können. Oft ist es sinnvoll, den Gast nicht für dieselbe Gruppe einzuteilen, in deren Leitungsteam der Freund ist, weil er sich dadurch vielleicht gehemmt fühlt und sich nicht traut, Fragen zu stellen. Ehepaare sollten immer derselben Gruppe angehören, es sei denn, sie wollen es anders. Heben Sie sich die Einteilung der Gruppen möglichst für den letzten Tag vor Kursbeginn auf, damit Sie auch Anmeldungen, die erst in letzter Minute eintreffen, noch berücksichtigen können.

Tagungsort

Eines der Merkmale des Alpha-Kurses ist, dass er in einem gemeindefremden Umfeld stattfindet. Häufig ist es schwierig, einem Kirchenraum eine gemütliche Atmosphäre zu verleihen. Wenn es für Sie keine andere Möglichkeit gibt, als den Kurs in den Gemeinderäumen zu veranstalten, sorgen Sie für eine gemütliche Atmosphäre, indem Sie Stehlampen anstatt der Leuchtstoffröhren an der Decke verwenden, den Raum mit Blumen dekorieren und unansehnliche Tische abdecken. Ordnen Sie die Stühle so an, dass die Gäste in ihrer Kleingruppe essen können. Sorgen Sie dafür, dass der Redner gutes Licht hat und dass jeder ihn hören kann. Vielleicht ist ein Verstärker notwendig. Achten Sie darauf, dass eine Garderobe zur Verfügung steht, an der die Besucher ihre Mäntel, Aktentaschen, Taschen etc. ablegen können.

Unter Umständen kann es auch sinnvoll sein, Wegweiser zu den Toiletten, dem Büchertisch und den Gruppenräumen aufzustellen. Fertigen Sie, wenn nötig, einen Plan an.

Der erste Abend

Ihr Begrüßungsteam werden die ersten Leute sein, die Ihre Gäste zu Gesicht bekommen. Häufig kommen sie mit vielen Vorurteilen belastet zu dem ersten Kursabend. Wenn sie dann von einem ganz »normalen« Menschen begrüßt werden, sind sie häufig erstaunt. Der erste Eindruck ist von entscheidender Bedeutung. Er muss gut sein.

Ihr Begrüßungsteam benötigt eine alphabetisch geordnete Gästeliste, auf der neben dem Namen des Teilnehmers der Name des Gruppenleiters und die Gruppennummer verzeichnet sein sollte. Sie müssen wissen, wie viele Männer und Frauen sich in jeder Gruppe befinden, für den Fall, dass unerwartete Gäste kommen und schnell einer Gruppe zugeordnet werden müssen. Das Begrüßungsteam sollte die Gruppenleiter und Helfer kennen und jedem Gast sagen können, wo sich seine Kleingruppe trifft.

Am Ende des ersten Abends sollten sich die Gruppenleiter und Helfer zusammensetzen und den Abend noch einmal besprechen.

Namensschilder

Jeder Teilnehmer sollte ein Namensschild bekommen, auf dem gleichzeitig seine Gruppennummer vermerkt ist. (Achten Sie darauf, dass die Namen richtig geschrieben sind – Genauigkeit ist sehr wichtig.) Legen Sie die Namensschilder in alphabetischer Reihenfolge auf den Tisch und bestimmen Sie ein oder zwei Personen, die sie ausgeben. Das Namensschild der Teammitglieder sollte eine andere Farbe haben als das der Teilnehmer, damit sie zu erkennen sind und die Gäste sich mit Fragen an sie wenden können. Achten Sie darauf, einige überzählige Namensschilder parat zu haben, und schreiben Sie sich die Namen der unerwarteten Gäste auf, damit Sie die Namensschilder für die kommenden Woche vorbereitet haben. Wir haben festgestellt, dass es sinnvoll ist, bis zur dritten Woche Namensschilder auszugeben.

Läufer

Je nach der Größe und dem Tagungsort Ihres Kurses werden Sie wissen, ob Sie Läufer benötigen. Vielleicht bestimmen Sie ein ganzes Team von Läufern (die die Gäste z. B. von der Tür zum Gruppenraum führen), an dessen Spitze ein starker Leiter steht. Das Team von Läufern wird während der ersten drei Wochen gebraucht. Diese Aufgabe sollten nicht die Gruppenleiter übernehmen; sie werden in ihrem Gruppenraum benötigt, um die Gäste zu begrüßen. Denken Sie auch hier wieder daran, wie wichtig der erste Eindruck ist. Der Läufer muss den Namen, die Gruppennummer und den Gruppenraum der Einzelnen wissen. Das Begrüßungsteam sollte den Gast dem Läufer vorstellen, der dem Gast dann sein Namensschild bringt, ihn zu seinem Gruppenraum führt und ihn der Gruppe vorstellt. Danach sollten er schnell zum Haupteingang zurückkehren. Natürlich müssen Begrüßungsteam und Läufer den Gästen freundlich begegnen, sie sollten aber nicht zu überschwenglich sein, da dies die Gäste gleich am ersten Abend abschrecken könnte.

Adressenlisten

Jede Gruppe erhält ein Blatt, auf dem Namen, Adressen und Telefonnummern eingetragen werden. Den Gästen muss klar gemacht werden, dass ihre Daten vertraulich behandelt werden und sie, wenn sie nicht mehr wiederkommen, nicht ständig mit Briefen oder Telefonanrufen belästigt werden. Diese Listen werden getippt und jeder Gruppenleiter erhält von der ersten Woche bis zur vierten

Woche jeweils ein Exemplar. Die Listen werden benötigt, damit Fahrgemeinschaften gebildet und die Gäste verständigt werden können, falls es Probleme gibt. Die Teilnehmer bekommen keine Liste – wenn Adressen und Telefonnummern ausgetauscht werden möchten, kann dies in der Gruppe geschehen. Unter keinen Umständen werden Telefonnummern oder Adressen herausgegeben, auch nicht, wenn ein Teilnehmer im Gemeindebüro anruft und nach einer Nummer fragt.

Büchertisch

Am Ende dieses Buches finden Sie eine Literaturliste zum Thema »Alpha«. Idealerweise sollte der Büchertisch während des ganzen Abends geöffnet sein (außer während des Vortrags). Achten Sie darauf, dass die Vorträge der vorangegangenen Woche auf Kassette bereit liegen, damit jeder, der einen Abend verpasst hat, eine Kassette kaufen kann.

Kassierer

Der Kassierer wird die Gesamtkosten im Blick behalten. Seine oder ihre Aufgabe ist es, Körbe aufzustellen, in die der Beitrag für das Abendessen gelegt wird. Am Ende eines jeden Kursabends wird das Geld gezählt. Auch wird er oder sie das Geld für das Wochenende und das Abschlussfest einsammeln und zählen.

Lobpreisleiter

Der Lobpreisleiter sorgt für die musikalische Begleitung. Er achtet darauf, dass Liederbücher oder Folien für den Overheadprojektor bereitliegen; er kümmert sich um Musikanlage und Lautsprecher und eventuell auch um die Aufzeichnung der Vorträge. Außerdem muss er dafür sorgen, dass ein Lobpreisleiter für das gemeinsame Wochenende bereitsteht.

Organisation des gemeinsamen Wochenendes

Jede Gruppe sollte ein Formular für das Wochenende ausfüllen, das zwei bis drei Wochen vor dem Ereignis herumgereicht wird. Auf dem Formular sollten Informationen zum Datum, dem Preis, an wen der Beitrag zu entrichten ist und die Kinderermäßigung vermerkt sein. Bitten Sie, auf der Anmeldung zu notieren, ob eine Diät, vegetarisches Essen oder eine Ermäßigung gewünscht wird und eventuelle Verspätungen anzukündigen. Die Teilnehmer sollten sich möglichst selbst um eine Mitfahrgelegenheit bemühen. Sorgen Sie dafür, dass jeder eine Anfahrtsskizze und ein Programm für das Wochenende erhält (vgl. »Praktische Durchführung«).

- Erkundigen Sie sich im Konferenzzentrum nach:
  Bettwäsche
  Handtüchern
  Seife
  besonderen Diäten
  Bücherladen – fragen Sie nach, ob Sie Ihr eigenes Sortiment mitbringen können
  Abendmahlswein
  Verstärkeranlage
  Aufzeichnungsgeräten
  Overheadprojektor
  Sportmöglichkeiten
  Räumlichkeiten für die Kleingruppen

- Sorgen Sie für Kinderbetreuung (machen Sie den Leuten Mut, ihre Kinder mitzubringen, wenn sie gerne möchten).
- Sorgen Sie dafür, dass jemand den bunten Abend am Samstag organisiert.
- Sorgen Sie dafür, dass jemand Aktivitäten am Samstagnachmittag vorbereitet.
- Achten Sie darauf, dass Seelsorger für den Samstagnachmittag bereitstehen, mit denen die Leute sprechen können.
- Denken Sie daran, einen Taschenrechner mitzunehmen.
- Denken Sie an Liederbücher.
- Erinnern Sie die Gäste daran, ihr Alpha-Buch, ihre Bibel und Sportsachen mitzubringen.
- Nehmen Sie selbst zusätzliche Bibeln und Alpha-Hefte mit.
- Denken Sie an Körbe oder Schalen für die Kollekte am Sonntagmorgen.
- Führen Sie Buch über die Anmeldungen und über jeden, der seinen Beitrag bereits bezahlt hat.
- Versuchen Sie, die Kosten möglichst gering zu halten. Die Teilnehmer der Alpha-Wochenenden füllen häufig ein ganzes Freizeitheim, darum sind Sie in einer starken Position und können einen guten Preis aushandeln.
- Bitten Sie diejenigen, die es sich nicht leisten können, den vollen Betrag zu zahlen, so viel zu bezahlen, wie sie erübrigen können. Die Kollekte am Sonntag deckt fast immer den fehlenden Betrag ab.

- Denken Sie daran, für das Personal des Freizeitheimes kleine Geschenke zu kaufen.
- Machen Sie einen Plan, wer welches Zimmer belegt hat. Viele Freizeitheime übernehmen dies für Sie, aber die Erfahrung hat gezeigt, dass es besser ist, das selbst zu tun.

Abendessen am Kurswochenende – 19.00 Uhr

Das Abendessen ist ein wichtiger Bestandteil des Alpha-Kurses. Beim Abendessen können die Gäste entspannt miteinander plaudern und sich besser kennen lernen. Häufig haben die Teilnehmer nach dem Kurs gesagt, das Essen wäre ein Grund gewesen, warum sie wiedergekommen sind. Es lohnt sich also, ein gutes Essen anzubieten!

Je nach der erwarteten Teilnehmerzahl sollten Sie die einzelnen Kleingruppen für das Abendessen sorgen lassen. Sie werden sehr schnell merken, wenn es notwendig wird, das Essen bei einem Partyservice zu bestellen (ab etwa 120 Teilnehmern). Achten Sie darauf, dass genügend Pappteller und Tassen, Kaffeetassen, Besteck, Tee, Kaffee, Milch, Zitronensaft, Kekse etc. vorhanden sind.

Wenn Sie keine Organisationsgruppe zusammengestellt haben, sollte die Gruppe, die das Essen gekocht hat, den Aufwasch und das Aufräumen übernehmen. Durch Wegwerfgeschirr wird diese Arbeit auf ein Minimum reduziert, normales Geschirr ist jedoch umweltfreundlicher.

Wenn die einzelnen Kleingruppen das Essen übernehmen, werden die Kosten in der Regel recht niedrig gehalten. Stellen Sie Gefäße auf, in die jeder seinen Beitrag für das Essen hineinlegen kann. Wenn Sie das Essen bestellen, wird es sicherlich teurer werden. Sie können die Kosten auf die Teilnehmer umlegen oder die Gäste bitten, das zu bezahlen, was sie sich leisten können. Die Mahlzeiten an den Kursabenden können recht einfach sein, zum Beispiel Nudelgerichte, Chili con Carne und Pizza. Achten Sie darauf, dass Sie immer eine vegetarische Alternative parat haben. Viele der Rezepte sind im Alpha-Kochbuch zu finden.

Die Organisationsgruppe

Der Zweck dieser Alpha-Gruppe ist es, die organisatorischen Aufgaben der Kurse zu übernehmen. Auf diese Weise werden die anderen Teilnehmer durch diese Aufgaben nicht von dem eigentlich Wichtigen abgelenkt. Die Organisationsgruppe ist unerlässlich, wenn der Kurs reibungslos ablaufen soll. Die Mitglieder dieser Gruppe können sich natürlich gern die Vorträge anhören und sie sollten so viel Anerkennung wie möglich für ihre Arbeit bekommen. Halten Sie Ihre Organisationsgruppe immer in Ehren! Wichtig ist es auch, dass die Organisationsgruppe einen Koordinator hat, der die unterschiedlichen Aufgaben verteilt und die Mitglieder seines Teams persönlich seelsorgerlich begleitet.

Die Organisationsgruppe sollte dafür sorgen, dass genügend Bibeln und Alpha-Teilnehmerhefte vorrätig sind und wenn nötig ausgegeben werden können. Jeder Gast sollte ein kostenloses Alpha-Heft erhalten. Legen Sie in allen Gruppenräumen einige Bibeln etwas versteckt parat. Auf diese Weise werden die Gäste nicht abgeschreckt, indem sie auf jedem Stuhl eine Bibel vorfinden. Die Organisationsgruppe sollte bereitstehen, um bei dem Einparken der Wagen zu helfen – eine wichtige Aufgabe. (Denken Sie daran, dass diejenigen, die auf den Parkplätzen helfen, die ersten sind, die die Gäste kennen lernen werden.) Dieses Team muss auch dafür sorgen, dass jede Kleingruppe ein bestimmtes Erkennungszeichen hat. Sie sollten zusätzliche Stühle für Zuspätkommende bereitstellen und am Ende des Abends ist es ihre Aufgabe, die Stühle wieder wegzuräumen. Die Organisationsgruppe kocht Kaffee und stellt Tassen, Zucker und Milch bereit. Achten Sie darauf, dass jedes Mitglied der Organisationsgruppe ein Namensschild trägt.

Die Organisationsgruppe ist auch für den Büchertisch verantwortlich. Sie sollte dafür Sorge tragen, dass die in diesem Buch empfohlenen Bücher bereitliegen.

Das Alpha-Abschlussfest

Wenn Sie noch nie einen Alpha-Kurs durchgeführt haben, veranstalten Sie vor Beginn des Kurses und danach am Ende eines jeden Kurses ein Fest, damit die Teilnehmer des Kurses ihre Freunde dazu einladen können. Bestimmen Sie eine Person, die das Fest koordiniert und organisiert, und lassen Sie ansprechende Einladungen drucken. Diese sollten in der siebten Woche für die Gäste bereitliegen, damit sie sie an ihre Freunde weiterreichen können. Beginnen Sie gleichzeitig, das Geld für das Fest einzusammeln. Jeder sollte sowohl für sich als auch für die Gäste bezahlen, die er mitbringt. Stellen Sie ein Team zusammen, das die Party vorbereitet, und ein anderes, das hinterher für den Abwasch und die Aufräumarbeiten verantwortlich ist. Es sollten vorzugsweise Personen sein, die keine Freunde eingeladen haben. Tun Sie alles in Ihrer Macht Stehende, um eine gemütliche Atmosphäre zu schaffen. Stellen Sie eine Sitzordnung zusammen und versuchen Sie, richtiges Geschirr und richtige Gläser zu verwenden. Stellen Sie Blumen und Kerzen auf die Tische und legen Sie Servietten aus. Der Vortrag sollte gehalten werden, während der Kaffee gereicht wird.

Fragebögen

»Gibt es sonst noch was?«

In der neunten Woche sollten Sie an jeden Kursteilnehmer einen Fragebogen austeilen (vgl. Anhang D). Auf diese Weise erfahren Sie, was Gott im Leben der Einzelnen getan hat. Außerdem helfen Ihnen diese Bögen bei der Planung des nachfolgenden Kurses. Geben Sie gleichzeitig dem Gruppenleiter einen Fragebogen und bitten Sie ihn, Einzelheiten über jedes Mitglied seiner Gruppe anzugeben (auch wenn es den Kurs nicht beendet hat). Fragen Sie ihn, ob seine Gruppe geschlossen den Kurs beendet hat, und wenn nicht, ob der Grund bekannt ist, warum die Einzelnen ausgestiegen sind. Fragen Sie ihn, ob sich seine Gruppenmitglieder einem Hausbibelkreis anschließen werden (fragen Sie genau, welchen Kreis sie besuchen wollen). Erkundigen Sie sich, wer bei dem Abschlussfest und vielleicht in dem Gästegottesdienst vor dem nachfolgenden Kurs seine Geschichte erzählen könnte. Fragen Sie, wer als Helfer beim nächsten Kurs mitmachen könnte, und achten Sie darauf, dass Sie die Betreffenden auch wirklich auffordern, beim nächsten Kurs zu helfen.

Philippa Pearson Miles war von 1992 bis 1996 für die Organisation der Alpha-Kurse in der Holy Trinity Brompton Church *zuständig.*

Vormittagskurse
von Deidre Hurst

D er Alpha-Vormittagskurs findet am Mittwochmorgen statt und war ursprünglich für all die gedacht, die abends keine Zeit haben. Es gibt bestimmte Gruppen von Menschen, die dem Vormittagskurs den Vorzug geben: Mütter mit kleinen Kindern, selbstständige und arbeitslose Menschen und diejenigen, die sich abends nicht mehr allein aus dem Haus wagen. Unsere Erfahrung hat gezeigt, dass dies in der Regel eine Gruppe für Frauen ist, doch in der letzten Zeit waren auch ein oder zwei Männer dabei.

Der Alpha-Vormittagskurs hat sich als ebenso erfolgreiche Evangelisationsmethode erwiesen wie der Abendkurs. Dieser Kurs, der sowohl den Verstand als auch das Herz anspricht, hat dazu beigetragen, dass viele Menschen eine Beziehung zu Jesus Christus eingegangen sind – Menschen, die sehr weit vom christlichen Glauben entfernt waren, aber auch solche, die jahrelang in die Kirchen gekommen sind, jedoch nicht verstanden haben, dass das Kernstück des christlichen Glaubens die persönliche Beziehung zu Jesus ist. Ein Teammitglied, das etwa zwölf Personen aus ihrer eigenen Gemeinde zu diesem Tageskurs in der *Holy Trinity Brompton Church* mitgebracht hat, sagte mir am Ende der zehn Wochen, sie hätte jahrelang mit diesen Menschen eine Gemeinde besucht und keiner von ihnen hätte auch nur einen richtigen Schritt hin zu einer wirklichen Umkehr gemacht. Jetzt haben sich viele durch diesen Kurs bekehrt und alle wollen einen weiteren Alpha-Kurs mitmachen.

Werte

Dem Alpha-Tageskurs liegen dieselben Werte zu Grunde wie dem Abendkurs, allerdings gibt es geringfügige Unterschiede in den Schwerpunkten, bedingt durch die Tageszeit, zu der wir uns treffen, und vor allem durch den Dienst »von Frauen an Frauen«.

Jeder kann kommen, ungeachtet des Alters und sozialen Hintergrunds. Wie bei dem Abendkurs ist es ungeheuer wichtig, dass die Teilnehmer sich wohl fühlen. Wir bemühen uns darum, Beziehungen in entspannter Atmosphäre zu fördern. Auch nach Abschluss des Kurses halten viele Teilnehmer Verbindung zueinander, verabreden sich zum Mittagessen oder treffen sich. Obwohl wir als Teil des Kurses nur ein Mittagessen gemeinsam einnehmen, können solche Beziehungen innerhalb eines Kurses entstehen.

Viele Frauen belegen heutzutage vormittags die unterschiedlichsten Kurse – Kunst, Geschichte, Sprachen etc. –, wir können ihnen also Mut machen zu kommen und sich über den christlichen Glauben zu informieren. Wir stellen fest, dass viele, auch Nichtchristen, auf Grund ihrer eigenen Bedürfnisse und der ihrer Familie zu Gott rufen (ohne ihn zu kennen oder zu wissen, dass er die Macht hat zu verändern). Darum begreifen sie bereitwillig die Macht des Gebetes und beginnen oft schon an den ersten Kurstagen zu beten.

Auswahl der Leiter und Helfer

Bei uns gibt es dieselben Prioritäten wie beim Abendkurs; wir wählen Leute, die den nötigen Weitblick für das haben, was der Kurs bewirken kann, und frisch bekehrte Christen, die viele nichtchristliche Freunde haben, und bilden sie zu Helfern für den nächsten Kurs heran. Unsere Gruppen sind kleiner, etwa acht oder manchmal nur sechs Personen, dazu zwei Teammitglieder und ein Helfer in jeder Gruppe.

Gruppen

Den meisten gefällt die Gruppe besser als alles andere. Wenn sie kommen, brauchen sie Liebe, Annahme und Vergebung und das finden sie in ihren Gruppen. Einige sind durch Missbrauch aller Art psychisch stark verletzt. Viele benötigen einen Ort des Friedens, an dem sie lernen können, die Vergebung Gottes für das anzunehmen, was sie getan haben und dessen sie sich schämen, und an dem sie lernen können, Gott zu vertrauen und denen zu vergeben, die ihnen weh getan haben. Wir bemühen uns, einer Gruppe möglichst Personen desselben Alters zuzuordnen, und natürlich auch die, die nahe beieinander wohnen. Wir haben festgestellt, dass vor allem Mütter gern mit anderen Müttern zusammen sind, die Kinder in demselben Alter haben, da sie ähnliche Erfahrungen haben, die sie gern miteinander teilen, fröhliche und traurige.

Veranstaltungsort für den Vormittagskurs

Wie der Abendkurs findet der Vormittagskurs möglichst in einem Privathaus statt; es geht natürlich auch in den Gemeinderäumen oder Ähnlichem, vorausgesetzt, der Raum wird gemütlich gestaltet.

Teilnehmerzahl

Der Kurs scheint gut zu funktionieren, egal, wie viele Personen daran teilnehmen. Wir haben Kurse von zwanzig Leuten bis zu zweihundert durchgeführt und der Herr hat mit derselben Macht im Leben der Einzelnen gewirkt.

Materialien

Sie brauchen das Alpha-Teilnehmerheft und einige Exemplare des Trainingsheftes für Leiter und Helfer. Das Trainingsheft bezieht sich zwar auf den Abendkurs, kann aber ohne Weiteres auch für den Vormittagskurs verwendet werden, allerdings ohne Beachtung des Anhangs III, in dem es um den Zeitplan für den Abend geht. Bei der *Holy Trinity Brompton Church* können Sie darüber hinaus auch einen speziell auf Frauen zugeschnittenen Vortrag zu dem Thema »Was ist das Besondere der christlichen Familie?« und zusätzliche Erläuterungen bekommen.

Organisationsgruppe

Es ist wichtig, unter den Helfern jemanden zu haben, der jeden Morgen für den Kaffee sorgt, die Kinderbetreuung und das Mittagessen organisiert. Auch eine Gebetsgruppe ist wichtig, die sich eine halbe Stunde vor Kursbeginn trifft. Natürlich sieht das ganze Team das Gebet als seine Aufgabe an, aber je nach Stundenplan ist es nicht immer möglich, dass sich das gesamte Team vorher zum Gebet trifft.

Einladungen und Zeitplanung

Wir empfehlen einen Brief oder eine Einladungskarte, um die Leute für den Alpha-Vormittagskurs einzuladen. Diese Einladung sollte darüber informieren, wie lange der Kurs dauert, und einen ungefähren Zeitablauf enthalten. Zum Beispiel:

Alpha-Vormittagskurs
29. September – 8. Dezember

Wir laden Sie ein, an dem neuen
Alpha-Vormittagskurs teilzunehmen,

Beginn: 29. September
Ort: Gemeindehaus

Der Kurs dauert zehn Wochen und findet jeweils am
Mittwochmorgen von 10 Uhr bis etwa 12 Uhr statt.
An den jeweiligen Vormittagen werden Vorträge
über Grundfragen des christlichen Glaubens
gehalten, gefolgt von einer Kaffeepause. Danach
folgt eine Diskussion in Kleingruppen, bei der Sie
Gelegenheit haben, Fragen zu stellen.
Am 10. November werden wir gemeinsam zu Mittag
essen. Der Vortrag an diesem Tag lautet: »Wie werde
ich vom Heiligen Geist erfüllt?«
– Weitere Einzelheiten dazu später.

Der Kurs ist ideal für alle, die mehr über den
christlichen Glauben erfahren möchten, und
für jeden, der sich näher damit auseinandersetzen
möchte. Es ist eine großartige Gelegenheit, neue
Leute kennen zu lernen und Freundschaften zu
schließen. Kinderbetreuung wird angeboten.

Zeitplan

Der Zeitplan für den Vormittag der *Holy Trinity Brompton Church* sieht folgendermaßen aus:

10.05 Uhr	Begrüßung, Lobpreis
10.15 Uhr	Allgemeines
10.20 Uhr (ca.)	Vortrag
11.00 Uhr	Kaffeepause
11.20 Uhr (ca.)	Diskussion in Kleingruppen
12.00 Uhr	Ende der Kinderbetreuung

Der wesentliche Unterschied in Organisation und Zeitplan zwischen Vormittagskurs und Abendkurs ist, dass das gemeinsame Wochenende wegfällt. Frauen können ihre Familien in der Regel schlecht ein ganzes Wochenende allein lassen. Statt dessen bieten wir ein gemeinsames Mittagessen an. An diesem bestimmten Tag beginnen wir um 10 Uhr mit Kaffee, danach haben wir eine Lobpreis-Zeit und hören schließlich einen Vortrag zu dem Thema »Wie werde ich vom Heiligen Geist erfüllt?« Nach dem Vortrag haben wir einen Gebetsdienst, gefolgt von einem gemeinsamen Mittagessen. Nach dem Mittagessen besteht die Möglichkeit, in die Kleingruppen zu gehen, mögliche Fragen zu besprechen und noch mehr zu beten. Wir beenden diesen Tag gegen 14.30 Uhr, eine gute Zeit für britische Mütter mit schulpflichtigen Kindern.

Abschlussfest des Vormittagskurses

Das Abschlussfest am Ende des Kurses ist eine ausgezeichnete Gelegenheit für verheiratete Frauen, ihre Männer mitzubringen, die, wie wir immer wieder festgestellt haben, angenehm davon überrascht sind, wie sehr sich ihre Frauen verändert haben. Bei diesem Fest haben sie Gelegenheit, in einer entspannten Umgebung das Evangelium zu hören. Viele der Männer wurden neugierig, nahmen an einem Abendkurs teil und entschieden sich schließlich auch für Christus. Natürlich machen auch viele unverheiratete Frauen den Vormittagskurs und selbstverständlich können sie ihre Freunde zum Abschlussfest mitbringen.

Ergebnisse des Alpha-Vormittagskurses

Während der sieben Jahre, die wir den Vormittagskurs nun bereits anbieten, haben wir wundervolle Bekehrungen und Heilungen erlebt. Oft kommen nach nur wenigen Wochen ganze Familien in die Kirche.

Deidre Hurst leitet seit sieben Jahren den Alpha-Vormittagskurs in der Holy Trinity Brompton Church. *Auch führt sie in anderen Teilen des Landes Alpha-Kurse durch.*

Fragebogen

Name: _____

Gruppe: _____

1. Wie haben Sie von dem Alpha-Kurs erfahren? Haben Sie ein Alpha-Abschlussfest miterlebt?

   _____

2. Warum haben Sie sich für Alpha entschieden?

   _____

3. An wie vielen Kursabenden haben Sie teilgenommen?

   _____

4. a) (i) Waren Sie Christ, als Sie mit dem Kurs begonnen haben? _____

   (ii) Gingen Sie regelmäßig in die Kirche, als Sie mit dem Kurs begonnen haben? _____

   b) Wie würden Sie sich selbst jetzt beschreiben (in Bezug auf den christlichen Glauben)?

   _____

   c) Wenn die Antwort auf a) und b) unterschiedlich ausfällt, wann hat sich diese Veränderung vollzogen?

   _____

   _____

5. Was, denken Sie, hat Ihnen der Alpha-Kurs gebracht?

   _____

   _____

6. Was hat Ihnen beim Alpha-Kurs am meisten gefallen?

   _____

   _____

7. Was gefiel Ihnen nicht?

   _____

   _____

8. a) Welche Kassetten haben Sie gekauft, falls überhaupt?

   _____

   b) Welche Bücher haben Sie gekauft, falls überhaupt?

   _____

   c) Fanden Sie sie hilfreich, und wenn ja, warum? (Zählen Sie bitte die Titel der Bücher und Kassetten auf, die Ihnen besonders weitergeholfen haben)

   _____

   _____

9. In welchen Bereichen könnte der Kurs verbessert werden?
   a) Vorträge _____
   b) Kleingruppen _____
   c) Allgemeines _____

10. Weitere Anmerkungen

   _____

   _____

   _____

Was Gemeinde- und Kursleiter über Alpha sagen

»Ich halte diesen Kurs für ausgezeichnet und kann ihn jedem nur empfehlen.«

George Carey, Erzbischof von Canterbury

»Alpha verschafft vielen Menschen einen verständlichen Zugang zum christlichen Glauben. Von Herzen kann ich jedem nur zu einem Alpha-Kurs raten.«

David Hope, Erzbischof von York

»In unserer Zeit gebraucht Gott die Alpha-Kurse, um Tausende von Menschen, die nicht in die Kirche gehen, zu sich zu ziehen. Ich freue mich zu sehen, dass sich Alpha wie ein Buschbrand ausbreitet und die Liebe zu den Nichtchristen in den Herzen der Christen wieder neu entfacht. Ich bete darum, dass unsere Gemeinden an einem solchen Geschenk Gottes an unsere Generation nicht achtlos vorbeigehen. Immer wieder werde ich Gemeinden Mut machen zu entdecken, wie viel der Alpha-Kurs bewirken kann. Neues Leben in mehr als nur einem Sinn beginnt mit Alpha!«

Moses Tay, Erzbischof von Südostasien

»Ich erkenne den großen Wert des Alpha-Kurses an. Er hilft den Menschen, sich mit ihrem Glauben auseinanderzusetzen und ihn zu stärken. Ich kann ihn nur wärmstens empfehlen.«

Brian Davis, Erzbischof von Neuseeland

»Alpha bietet eine einzigartige Mischung christlicher Inhalte und christlichen Lebensstils. Hier geht es nicht nur darum zu

Nicky Gumbel »Der Alpha-Leitfaden«

vermitteln, was die Christen glauben; der christliche Glaube wird zum Teil der Botschaft und zeigt, wie der Glaube durch Freundschaft und Gastfreundschaft ausgelebt werden kann. Ich empfehle diesen Kurs allen christlichen Familien als eine ganz besondere Art der Evangelisation.«

Rowan Williams, Bischof von Monmouth

»Nach meiner Ansicht geht es bei dem Alpha-Kurs um Folgendes: von Jesus erfahren, damit ich ihn und die Kraft seiner Auferstehung kennen lerne.«

Walter P. K. Makhulu, Erzbischof von Zentralafrika

»Immer wieder empfehle ich den Pfarrbezirken den Alpha-Kurs, weil ich erlebt habe, wie dauerhaftes Wachstum und Erneuerung durch ihn entstanden sind.«

Michael Turnbull, Bischof von Durham

»Grundlegendes Wissen ... christliche Gemeinschaft ... eine lebendige Erfahrung des Geheimnisses Gottes. Ich bin so dankbar für die Alpha-Kurse.«

Richard Chartres, Bischof von London

»Nach meiner Überzeugung ist der Alpha-Kurs zwingend notwendig. Er ist eine sehr gute und mitreißende Darstellung des christlichen Glaubens.«

Ambrose Griffiths, *OSB*,
Bischof der Hexham und Newcastle Diözese

»Die Alpha-Kurse tragen dazu bei, das Gesicht der Kirche in Großbritannien zu verändern. Im ganzen Land greifen die Gemeinden zu diesem neuen und frischen Weg der Evangelisation und der Stärkung neubekehrter Christen. Nach einer längeren Anlaufzeit wird Alpha nun immer mehr bekannt und bietet Gemeinden aller Denominationen Gelegenheit, dieses hervorragende Modell für den Gehorsam dem Gebot unseres Herrn gegenüber: ›Macht alle Menschen zu meinen Jüngern‹ zu übernehmen. Ich kann die ganze Alpha-Initiative nur empfehlen.«

Clive Calver, ehem. Vorsitzender der Evangelischen Allianz

»Alpha ist ein hervorragender Weg, die grundlegenden Wahrheiten des christlichen Glaubens weiterzugeben. Er ist eine Art der Evangelisation, die ich wärmstens empfehlen kann.«

J. I. Packer, Professor der Theologie, *Regent College*, Vancouver

»Für mich ist der Alpha-Kurs ein weiteres Beispiel für den nach wie vor bestehenden Wunsch jeder nachfolgenden Generation, ihren Glauben zeitgemäß und zu aktuellen Themen auszudrücken. Mich erstaunt keineswegs zu hören, dass dieser Kurs von Hunderten von Gemeinden auf der ganzen Welt sofort akzeptiert und angewendet wurde und dass sich so viele Menschen für Jesus entschieden haben. Mehr Macht für Jesus!«

John Wimber, *Association of Vineyard Churches*

»Dem Evangelium liegt sowohl Evangelisation als auch Jüngerschaft zu Grunde. Die Alpha-Kurse helfen, beides effektiv anzuwenden. Wir haben diesen Kurs mit gutem Erfolg in unserer Gemeinde durchgeführt. Ich bin froh, ihn empfehlen zu können.«

Gordon D. Fee, Professor des Neuen Testaments und Dekan der Fakultät des *Regent Colleges*, Vancouver, Kanada

»Nichts ist für mich deutlicher zu erkennen als der Segen Gottes auf der ›Holy Trinity Brompton Church‹ und dem Alpha-Kurs. Ich habe überlegt, ob Gott vielleicht sein Siegel auf den Alpha-Kurs legen möchte, indem er die ›Holy Trinity

Brompton Church‹ zum britischen Urquell des außergewöhn-
lichen Segens des Heiligen Geistes auf so viele Gemeinden in
der heutigen Zeit machen möchte. Wenn das so ist, was kann
man sich mehr wünschen! Auf jedem Fall ruht der Segen
Gottes auf dem Alpha-Kurs und ich preise Gott dafür!«

Dr. R. T. Kendall, *Westminster Chapel*

»Die Alpha-Kurse haben sich als modernes Mittel, um Menschen mit dem Evangelium zu erreichen, als erstaunlich erfolgreich erwiesen. Sie üben in Großbritannien einen großen
Einfluss aus und ich möchte den Christen der Welt von ganzem Herzen Mut machen, ihre Türen dem Alpha-Kurs zu öffnen.«

Terry Virgo, *New Frontiers International*

»Ich habe viele Menschen mit unterschiedlichem Hintergrund
kennen gelernt, die durch einen Besuch dieses Kurses von
Grund auf verändert wurden.«

Jackie Pullinger, Hongkong

»Alpha ist ein hervorragender Einführungskurs für alle, die
nicht in die Kirche gehen und für die der christliche Glaube
nur wenig Bedeutung hat. Ich zögere nicht, ihn jeder Gemeinde oder Gruppe zu empfehlen, die den Wunsch hat, das Evangelium klar und effektiv weiterzusagen.«

Charles Whitehead,
International Catholic Charismatic Services

»Alpha hat sich als erfolgreicher Weg erwiesen, den Glauben
zu erforschen und die Hingabe an Jesus als unseren Herrn zu
vertiefen. Ich kann diesen Kurs wärmstens empfehlen.«

Nigel McCulloch, Bischof von Wakefield,
Vorsitzender der *Decade of Evangelism*

»Eine der ermutigendsten Entwicklungen der letzten Jahre im Bereich der Evangelisation in Großbritannien ist das Wachstum und die offensichtliche Effektivität der Alpha-Kurse. Mit großer Flexibilität in der Anwendung werden darin Form und Zweckmäßigkeit kombiniert. In unserer Diözese ist dieser Kurs in Gemeinden ganz unterschiedlicher Zusammensetzung durchgeführt worden. Ich kann ihn wärmstens empfehlen.«

Gavin Reid, Bischof von Maidstone

»Der Alpha-Kurs trägt entscheidend dazu bei, die Gemeinschaft innerhalb der Gemeinden zu stärken und effektive Evangelisation im örtlichen Umfeld zu fördern.«

David Coffey, Generalsekretär der *Baptist Union*

»Der Alpha-Kurs ist ein hervorragendes Mittel, das, wenn es vom Gebet getragen und systematisch eingesetzt wird, revolutionäre Erfolge bringen könnte … Die entspannten, keinesfalls bedrohlich wirkenden und dennoch kristallklaren Präsentationen auf den Kassetten müssen unweigerlich einen großen Einfluss nicht nur auf den Gläubigen, sondern auch auf den Suchenden ausüben. Ich bin begeistert von Alpha und die ›African Enterprise‹ auch. Wir werden diesen Kurs durchführen und hoffen, Sie werden es auch tun.«

Michael Cassidy, *African Enterprise*

»Die Alpha-Kurse sind erfolgreich in unseren Pioniergemeinden durchgeführt worden. Mehr und mehr bieten sie denen Hilfestellung, die den Wunsch haben, dass Menschen Vergebung und die Annahme Gottes finden. Der Kurs macht Spaß und drängt niemanden in die Ecke – genau wie unser Herr!«

Gerald Coates, Vorsitzender von *Pioneer Movement*

»Jede lebendige Gemeinde braucht eine Entbindungsstation! Sie braucht eine Umgebung, in der Menschen zum Glauben finden und Christen erneuert werden. Der Alpha-Kurs hat sich als hervorragendes Mittel zu diesem Zweck erwiesen. Er kann in den unterschiedlichsten Kulturen durchgeführt werden. In Großbritannien ist er im Augenblick eine der erfolgreichsten evangelistischen Initiativen. Mit einem angemessenen Training und der nötigen Ermutigung kann dieser Kurs von jeder Gemeinde durchgeführt werden.«

Michael Green und Michael Marshall, Evangelisationsberater der Erzbischöfe von Canterbury und York

»Auf Alpha scheint ein besonderer Segen zu liegen, denn Gott gebraucht diesen Kurs, um alle möglichen Menschen in den unterschiedlichsten Phasen geistlichen Wachstums zu erreichen.«

Luis Palau, Evangelist

»Alpha – nicht nur der erste Buchstabe des griechischen Alphabets, sondern ein hervorragender Einführungskurs in den christlichen Glauben. Ein idealer Nachfolgekurs für Evangelisationen.«

J. John, Evangelist

»Alpha ist der vermutlich beste christliche Glaubensgrundkurs, den ich kenne. Wir finden ihn aufregend, leicht zu begreifen und praktisch – einfach hervorragend! Ich setze mich wärmstens dafür ein!«

Paul Mercy, *Assistant General Superintendent, Assemblies of God*

»Alpha … wird in der Gemeinde durchgeführt, sieht Evangelisation als einen Prozess, bei dem sich der ganze Mensch engagieren muss, und hat viel über die Kraft und das Wirken des Heiligen Geistes bei den Evangelisationsbemühungen der Gemeinde zu sagen. Ich kann ihn allen nur empfehlen und vertraue darauf, dass viele Menschen und Gemeinden durch die Alpha-Kurse zunehmend Hilfe finden werden.«

Donald English, Generalsekretär,
Methodist Home Mission Division

»Der Alpha-Kurs für frisch bekehrte Christen und Menschen, die Fragen in Bezug auf den christlichen Glauben haben, ist einer der aufregendsten, erfolgreichsten und von Gott besonders gesegneten Kurse in unserem Jahrzehnt. Ich kann ihn ohne Vorbehalte weiterempfehlen – wir haben ihn in unserer Gemeinde selbst getestet.«

Roger Forster, *Ichthus Christian Fellowship*

»Eine wachsende Zahl von Gemeinden führt Alpha-Kurse durch und ich selbst habe erlebt, welche große Frucht diese Kurse tragen. Sie führen Menschen zu einem lebendigen und aktiven Glauben. Ich kann sie wärmstens empfehlen.«

Simon Barrington-Ward, Bischof von Coventry

»Alpha ist ein geistlich dynamischer Dienst, der bereits Tausende Menschen für das Evangelium erreicht hat. Ich bin sicher, dass sich diese Vision auch weiterhin ausbreiten und zu einem internationalen Segen werden wird.«

Loren Cunningham, *Jugend mit einer Mission International*

»Alpha gestattet den Zweiflern zu zweifeln und den Suchenden, die Wahrheit zu finden. In einer angenehmen und helfenden Atmosphäre werden die großen Fragen des Lebens besprochen.«

Graham Dow, Bischof von Willesden

»Die Alpha-Kurse werden in dieser Diözese in steigender Zahl durchgeführt und haben sich sowohl in den städtischen als auch in den ländlichen Gebieten als effektiver Weg der Evangelisation erwiesen. Der anwenderfreundliche Stil dieses Kurses übt in vielen Gemeinden einen großen Einfluss auf die Art des Evangelisierens aus.«

Michael Dickens Whinney,
Assistant Bishop der Diözese Birmingham

»Ich kann allen, die daran interessiert sind zu entdecken, wie aufregend und lebensverändernd der christliche Glaube in der modernen Welt sein kann, den Alpha-Kurs nur wärmstens empfehlen. Der Kurs ist biblisch gesund, sehr verständlich und lebensnah. Er wird einen bedeutenden Einfluss auf das Leben der Menschen ausüben und jede Gemeinde stärken, in der er durchgeführt wird.«

Wayne Grudem, Professor für biblische und systematische Theologie der *Trinity International University*,
Deerfield, Illinois

»Das Alpha-Programm und die evangelistischen Durchbrüche, die mit den Alpha-Kursen erzielt werden, haben mich tief beeindruckt.«

Moss Ntlah, *Concerned Evangelicals*, Südafrika

»Ich begrüße die Einführung der Alpha-Kurse in den Gemeinden in den Vereinigten Staaten. Diese Kurse kombinieren gesunde Lehre, persönliche Erfahrung in der christlichen Gemeinschaft und Hingabe an ein Leben im Glauben miteinander und werden den Prozess der Erneuerung der Gemeinde hilfreich unterstützen.«

Peter James Lee, Bischof von Virginia

»Nicky Gumbel liebt Christus, studiert das Wort Gottes und sorgt sich um die Menschen, um die sich auch Christus gesorgt hat ... die Nichtchristen und sein Volk.«

Paul Stanley, Vizepräsident der *Navigatoren*

»Das Gebot, alle Menschen zu Jüngern zu machen, gilt auch für uns heute noch. Alpha gibt uns ein zeitgemäßes Evangelisationsmittel an die Hand, das immer größere Beachtung verdient.«

Joel Edwards, Direktor der Evangelikalen Allianz, UK

»Bei unserer Aufgabe, das Evangelium so, wie es ist, den Menschen da weiterzusagen, wo sie stehen, ist der Alpha-Kurs ein kreatives und zeitgemäßes Mittel, das uns dabei hilft. Ich bin davon begeistert!«

Lyndon Bowring, *Executive Chairman* von *CARE*

»Der Alpha-Kurs, so wie er von Nicky Gumbel und den Leitern der ›Holy Trinity Brompton Church‹ entwickelt wurde, wendet die besten Prinzipien für effektive Evangelisation an – darum ist er auch so erfolgreich.«

Lynn Green, Direktorin in der europäischen, der afrikanischen und der Abteilung des Mittleren Ostens von *Jugend mit einer Mission*

»Eines der bedeutendsten evangelistischen Unternehmungen seit Billy Graham in den fünfziger Jahren.«

David Pytches, ehemaliger Pfarrer von *St. Andrew's Chorleywood*

»Ich bin ziemlich sicher, dass Alpha für die Evangelisation in diesem Land von größter Bedeutung ist: Dieser Kurs ist bibelorientiert, kann in allen Denominationen durchgeführt werden und erfüllt vor allem zwei der wichtigsten Bedürfnisse, die Springboard in Großbritannien festgestellt hat: das Bedürfnis nach bibelorientierter Unterweisung im Evangelium und nach einem größeren geistlichen Wachstum.

Dieser Kurs ist denominationsübergreifend und ich weiß, dass er sowohl in römisch-katholischen als auch in anglikanischen Kirchen durchgeführt worden ist. Auch gibt es keine feste Teilnehmerzahl. Die Erfahrung von ›Springboard‹ hat gezeigt, dass Alpha im Augenblick die wichtigste Evangelisationsmethode in diesem Land ist.«

> Martin Cavendar, *Administrative Director* von *Springboard*, einer Initiative der Erzbischöfe von Canterbury und York zum »Jahrzehnt der Evangelisation«

»Eine der bedeutsamsten evangelistischen Initiativen, die der Gemeinde in diesem Jahrzehnt zur Verfügung stehen. Verpassen Sie sie nicht!«

> Rob Parsons, *Executive Director* von *Care for the Family*

»Alpha ist mit nichts vergleichbar! Wir beten darum, dass dieser Kurs noch von vielen Gemeinden auf der ganzen Welt entdeckt wird!«

> John und Christine Noble, *Pioneer Movement*

»Alpha bringt so viele Aspekte des Wirkens Gottes in der heutigen Zeit zusammen; es ist ein Instrument unserer heutigen Zeit.«

> Ken Gott, *Sunderland Christian Centre* (*Assemblies of God*)

»Der Alpha-Kurs ist eine der erfolgreichsten Methoden der Evangelisation der christlichen Gemeinschaft in Großbritannien. Dieser neue und erfolgreiche Kurs wird mittlerweile von

Hunderten Gemeinden durchgeführt und hat Tausende neue Gläubige hervorgebracht, die in die örtlichen Gemeinden integriert werden konnten. Die Begeisterung dafür wächst enorm schnell. Ich kann Nicky Gumbels ausgezeichneten Kurs nur empfehlen. Gott hat die Gemeinde überreich gesegnet, indem er Nicky dazu gebracht hat, den Alpha-Kurs zu entwickeln.«

Mike Bickle, *Metro Vineyard Fellowship*, Kansas City

»Ich bin der Meinung, Alpha könnte in der katholischen Kirche eine sehr wichtige Rolle spielen.«

Michael Aust, Diözese Arundel und Brighton

»Die Skeptiker unter uns lassen nun beschämt den Kopf hängen. Alpha hat sich in Hongkong als eine wertvolle Lehre und ein hervorragendes evangelistisches Hilfsmittel erwiesen und bereits entscheidend dazu beigetragen, das Leben vieler Menschen zu verändern und Menschen zu Christus zu führen.«

Steve Miller, *Union Church*, Hongkong

»Da wir keinen haben, der uns anleitet, folgen wir einfach Schritt für Schritt dem Buch ›Der Alpha-Leitfaden‹. Von den Ergebnissen sind wir begeistert. Für einige war dies ihre erste ›lebendige Begegnung‹ mit Gott.«

Brian McVitty, *St. Paul's on the Hill Church*,
Toronto, Kanada

»Ein wundervolles und sehr effektives Hilfsmittel, die grundlegenden Wahrheiten des orthodoxen katholischen Glaubens einer ganz normalen, nicht-eklektischen Gemeinde nahezubringen. Sicher, es ist harte Arbeit, aber sie lohnt sich.«

Bryan Hackney, Pfarrer der *St. Francis Church*,
Mackworth Estate, Derby

»Wir haben den Eindruck, dass die Antwort auf die Frage, wie wir die Asiaten dazu bringen, eine Entscheidung für Christus zu treffen, der Alpha-Kurs ist.«

Pall Singh, *Solihull Christian Fellowship*

»Alpha hat in der ganzen Gemeinde große Begeisterung hervorgerufen. Viele bringen nichtchristliche Freunde zu den Alpha-Kursen mit.«

M. Lange, *Bergen Alpha*, Norwegen

»Im Laufe der Monate, die diese Menschen bei SAFE verbracht und den Alpha-Kurs gemacht haben, haben wir eine große Veränderung bei ihnen feststellen können.«

SAFE, ein Projekt für Obdachlose der *St. James the Less Church* in Pimlico

»Alpha vermittelt ein Bewusstsein für Mission und Sinnerfüllung. Wir haben das Gefühl, dass wir als Gemeinde richtig ›evangelisieren‹. Es hat sich auf mehrere Gemeindemitglieder ausgedehnt, die fähige Leiter oder Helfer sind.«

Chris Oldroyd, *Riverside Church*, Farnham, Surrey

»Alpha hat die Menschen zum Glauben geführt, ihnen die Fülle des Geistes eröffnet, ihnen Liebe zur Bibel geschenkt und ihr Verständnis von Gott und ihre Beziehung zu Gott vertieft.«

R. Simpson, *St. Mary's*, Gloucestershire

»Im Großen und Ganzen hat uns der Kurs eine innere Freude geschenkt und den Wunsch in uns entstehen lassen, diese Erfahrung mit unseren Familien, Freunden und Kollegen zu teilen.«

Reba Longhorn, *St. Mary's Roman Catholic Church*, Woburn Sands

»Zweiundvierzig Personen haben sich während des Alpha-Kurses bekehrt, einundzwanzig frisch bekehrte Christen absolvierten den Alpha-Kurs und acht kehrten zu Christus zurück. Ein einziger Kurs hat die Gemeinde ermutigt.«

A. Mackie, *Riverside,* Birmingham

»Die Gemeinschaft, die während des Alpha-Kurses entstanden ist, hat sich auf die Gemeinde ausgedehnt. Die Menschen bemerken, dass sich etwas Großartiges ereignet hat.«

L. Ling, *North Walsham Methodist,* Norfolk

»Die Häftlinge beten jetzt in Kleingruppen miteinander. Es ist bewegend, dies mitanzusehen. Die Gefängniswärter spüren, dass sie sich verändert haben.«

Peter Lockyer, Teammitglied in der Gefängnisseelsorge der *Young Offender Institution*, Glen Parva, Wigston, Leicestershire

»Meine Zweifel hinsichtlich der Frage, ob dieser Kurs, der so große Erfolge in einer großen städtischen Gemeinde zeigte – zu der vorwiegend junge Leute gehören – auch in einer ländlichen Gemeinde funktioniert, in der die Mitglieder ein sehr viel höheres Durchschnittsalter haben, waren vollkommen unbegründet.«

Roy Eames, *Colwall Free Church*, Herefordshire

»Er hat Strategie in die Evangelisation gebracht. Er hat dazu beigetragen, dass die Menschen mehr von dem ›Prozess‹ der Erlösung verstehen.«

D. Wuyts, *Gosbecks Christian Fellowship*, Colchester, Essex

»Der Alpha-Kurs ist genau zur richtigen Zeit gekommen. Ich persönlich glaube nicht, dass sehr viel Anpassung notwendig ist, weil ich der Meinung bin, dass er sehr leicht verständlich ist. Wir arbeiten nach dem Buch und es funktioniert.«

Bill Sanders, Pfarrer von *St. Bridge's*, Liverpool

»Durch Alpha sind aus den Gemeindemitgliedern, die vorher nur Kirchgänger waren, geisterfüllte Christen geworden.«

Jean Lupton, *Long Eaton Churches Fellowship*, Derbyshire

Allgemeine Fragen

Gibt es mittlerweile ein Raster in Bezug auf die Teilnehmerzahl eines Alpha-Kurses?

Im Laufe der vergangenen drei Jahre haben wir sehr aufmerksam auf das Feedback von Gemeinden gehört, die Alpha-Kurse durchgeführt haben, und allmählich entsteht ein klares Bild.

Der erste Kurs

Ein Weg, einen solchen Kurs einzuführen, ist sicherlich, mit einer kleinen Gruppe von Interessenten zu beginnen und abzuwarten, ob die Teilnehmerzahlen im Laufe der Jahre ansteigen. Ein anderer Weg ist, den Kurs der gesamten Gemeinde vorzustellen. Vorteile dieses Ansatzes sind:

- Alle Gemeindemitglieder können sehen, was der Alpha-Kurs ist und wie er funktioniert. Dies wird hoffentlich das Vertrauen in diesen Kurs stärken.
- Alpha kann als Programm für Erneuerung der Gemeinde durchgeführt werden.

Jedoch sollte beachtet werden, dass es auch mögliche Nachteile gibt:

- Die Menschen am Rande der Gemeinde und Kirchendistanzierte werden sich in einem Kurs, der vorwiegend aus Gemeindemitgliedern besteht, nicht wohl fühlen.

• Es könnte ein plötzliches Gefühl der Enttäuschung entstehen, wenn der zweite Kurs kleiner ist als der erste.

Nachfolgende Kurse

Wenn der erste Kurs für die ganze Gemeinde durchgeführt wird, ist für den zweiten Kurs ein Sinken der Teilnehmerzahl zu erwarten. An dem ersten Kurs haben zum Beispiel fünfzig bis hundert Personen teilgenommen.

Wenn der zweite Kurs beginnt, werden die meisten Gemeindemitglieder diesen Kurs bereits absolviert haben. Daher könnte der zweite Kurs sehr klein ausfallen, möglicherweise mit nur fünf oder sechs Teilnehmern. Es ist wichtig, dass die Gemeinde sich dadurch nicht entmutigen lässt. Vermutlich werden zu dieser kleinen Gruppe Menschen am Rande der Gemeinde gehören, vielleicht sogar Kirchendistanzierte. Somit beginnt der Kurs, seinen Zweck zu erfüllen, das heißt, der Kirche fern stehende Menschen in die Gemeinde zu ziehen.

Ein oder zwei davon werden vielleicht zu Christus finden, werden mit dem Heiligen Geist erfüllt und bringen Freunde und Familienangehörige mit. Der dritte Kurs könnte also wieder ein wenig größer sein. Das könnte etwa folgendermaßen aussehen:

erster Kurs   50-100

zweiter Kurs 10-15

dritter Kurs   15-20

vierter Kurs   20-25

Es ist wichtig zu bedenken, dass der Alpha-Kurs idealerweise ein Evangelisationsprogramm ist. Es könnten einige Kurse nötig sein, um die Anfangsschwierigkeiten zu überwinden, bis die Gemeindemitglieder Zutrauen zu diesem Kurs gefasst haben und ihre Freunde einladen.

Wichtig ist jedoch, sich nicht entmutigen zu lassen, wenn die Teilnehmerzahlen zu Beginn absinken. Ausdauer ist nötig. Denn erst, wenn Außenstehende von der Gemeinde angezogen werden, ist der eigentliche Zweck des Alpha-Kurses erfüllt.

Was lehrt Alpha in Bezug auf die Sakramente?

Zum Alpha-Kurs gehört auch Material über die Sakramente der Taufe und des Abendmahls. Es ist in Kapitel 14 von »Fragen an das Leben« (»Welchen Stellenwert hat die Kirche?«) zu finden. Die Bedeutung des Abendmahls wird im Kontext eines informellen Abendmahlsgottesdienstes am Sonntagmorgen des gemeinsamen Wochenendes vermittelt.

Die Alpha-Kurse werden mittlerweile von allen größeren Denominationen in Großbritannien durchgeführt und von christlichen Führern aller Traditionen empfohlen. Die Lehre zum Thema »Sakramente« ist in den Alpha-Kursen eingeschränkt. Konkret bedeutet dies, dass wir bei Alpha nur das lehren, worin alle größeren Denominationen und Traditionen übereinstimmen. Wir sprechen zum Beispiel über die wesentliche Bedeutung und die Notwendigkeit der Taufe, lassen uns jedoch auf keine Diskussion zur Säuglingstaufe ein.

Wir machen allen frisch bekehrten Christen, die noch nicht getauft sind, Mut, sich am Ende des Kurses taufen zu lassen. In unserer anglikanischen Gemeinde praktizieren wir zwar die Säuglingstaufe, weil wir der Meinung sind, dass dies das biblische Vorbild und die traditionelle Praxis der Gemeinde durch die Jahrhunderte hindurch ist. Wir taufen diejenigen, die bereits als Kind getauft wurden, also nicht noch einmal.

Wir erkennen jedoch an, dass viele Christen, vor allem diejenigen, die aus einer Baptisten-, einer Pfingstler- oder anderen freikirchlichen Gemeinde kommen, die Säuglingstaufe nicht als biblische Norm oder die historische Praxis der Kirche anerkennen. Darum nehmen wir in den Alpha-Kursen davon Abstand, uns hierüber auszulassen, und bitten die anderen Denominationen, sich in diesem Punkt ähnlich zurückhaltend zu verhalten.

Dies macht es uns möglich, in allen Gemeinden dasselbe Material zu verwenden. Es bedeutet, dass Menschen in jedem Teil des Landes den Alpha-Kurs ihren Freunden und Familienmitgliedern empfehlen können, ohne überprüfen zu müssen, ob die theologische Position der Veranstalter des Kurses mit der eigenen übereinstimmt.

Auch hinsichtlich des Abendmahls vermitteln wir nur, worin auch die anderen größeren Denominationen übereinstimmen. Uns ist bewusst, dass einige Denominationen und Traditionen gern mehr hinzufügen würden. Wir bitten sie jedoch, während der Alpha-Kurse davon Abstand zu nehmen. Aber natürlich haben sie die Freiheit, nach dem Kurs für ihre Mitglieder zu diesem Thema Seminare anzubieten.

Als anglikanische Kirche vermitteln wir unseren Konfirmanden selbstverständlich unsere Ansichten zu bestimmten Themen. Andere, zum Beispiel die römisch-katholischen Gemeinden oder die Baptisten, lehren vielleicht etwas ganz anderes. Dies würde einem Alpha-Kurs nicht zuträglich sein.

Obwohl wir das Thema »Sakramente« nur eingeschränkt lehren, nehmen sowohl die Lehre und das Ausüben der Taufe und auch des Abendmahls doch einen wesentlichen Teil des Kurses ein.

Informationen
zum Alpha-Copyright

Sandy Millar, Pfarrer der *Holy Trinity Brompton Church,*
schreibt:

> *»Wir sind immer darum bemüht gewesen, Einzelpersonen,*
> *die einen Alpha-Kurs durchführen, die Flexibilität zuzuge-*
> *stehen, Anpassungen vorzunehmen, wo sie für nötig erach-*
> *tet wurden, um den Kurs an die Bedürfnisse einer bestimm-*
> *ten Gemeinde anzupassen. Dies geschieht jedoch nur unter*
> *der Voraussetzung, dass die wesentlichen Elemente, das*
> *Wesen und die Identität des Kurses erhalten blieben. Die*
> *Erfahrung hat jedoch gezeigt, dass dies missverstanden*
> *wurde und der daraus entstandene Identitätsverlust in ei-*
> *nigen Kursen zu beträchtlicher Verwirrung geführt hat.*
> *Nun da in der ganzen Welt Alpha-Kurse durchgeführt wer-*
> *den, müssen wir leider enger gefasste Aussagen zum Co-*
> *pyright machen, um das Vertrauen zu diesem Kurs und die*
> *Qualitätskontrolle zu erhalten. Ich bin sicher, Sie werden*
> *das verstehen.«*

(i) Mit Ausnahme der ebenfalls im Projektion J Verlag erschienen Titel »Fragen an das Leben«, »Herausfordernder Lebensstil«, »Jesus!?« und »Ein Gott, der Leben verändert« (in denen der Autor ausdrücklich bestätigt, dass
er sich an das Copyright hält) liegt das Copyright über alle Alpha-Hilfsmittel und Materialien, einschließlich Hef-
te, Kassetten und Grafiken, bei der *Holy Trinity Bromp-*
ton Church.

(ii) Unter keinen Umständen dürfen Teile irgendwelcher Hilfsmittel zu den Alpha-Kursen ohne schriftliche Genehmigung des Copyright-Inhabers oder seines Agenten in irgendeiner Form oder durch irgendwelche Hilfsmittel elektronischer oder mechanischer Art, wozu auch Fotokopien, Aufzeichnung oder Informationslagerung und Abrufen gehört, reproduziert oder übermittelt werden.

(iii) Die Verwendung der Alpha-Hilfsmittel ist nur in Verbindung mit der Veranstaltung oder der Werbung für einen Alpha-Kurs gestattet. Wiederverkauf oder das Entgegennehmen von Bezahlung im Zusammenhang mit jeglichen Alpha-Hilfsmitteln ist nicht gestattet.

(iv) Die *Holy Trinity Brompton Church* bittet darum, dass der Name »Alpha« oder ähnlich klingende Namen nicht in Verbindung mit anderen christlichen Kursen verwendet werden. Diese Bitte hat folgende Gründe:

- Es soll vermieden werden, dass Verwirrung durch verschiedene Kurse mit einem ähnlichen Namen entsteht;

- die Einheitlichkeit und Integrität des Alpha-Kurses soll sichergestellt werden und

- das Vertrauen zu den Alpha-Kursen soll erhalten bleiben.

(v) In folgenden Fällen wird die *Holy Trinity Brompton Church* einer geringfügigen Anpassung des Alpha-Kurses zustimmen:

a) Der Alpha-Kurs kann, wie unten aufgeführt, geändert werden, vorausgesetzt, die Person, die die geänderte Fassung entwickelt, führt einen solchen Kurs nicht außerhalb ihrer Heimatgemeinde oder ihres Pfarrbezirks durch. Der geänderte Kursablauf darf nur in der Gemeinde der Person verwendet werden, die ihn geändert hat.

b) i) Unter Berücksichtigung des nachfolgenden Punktes ii) darf der Alpha-Kurs gekürzt oder verlängert werden, indem die Länge der Vorträge oder die Anzahl der Sitzungen variiert wird. Es müssen nicht alle Materialien verwendet werden; zusätzliches Material darf hinzugezogen werden.

ii) Solche Änderungen dürfen den grundsätzlichen Charakter des Kurses nicht beeinträchtigen. Alpha besteht aus einer Reihe von etwa fünfzehn Vorträgen, die in einem bestimmten Zeitraum gehalten werden, zu dem auch ein gemeinsames Wochenende oder ein gemeinsam verlebter Tag gehört. Die Lehrinhalte basieren auf dem Material des Buches »Fragen an das Leben«.

Diese Aussage setzt alle früheren Aussagen zum Copyright aller Alpha-Hilfsmittel außer Kraft.

2. Oktober 1996

Alpha-Materialien

Die auf den folgenden Seiten aufgelisteten Alpha-Materialien sind in Deutschland ausschließlich im Projektion J Verlag erschienen und in Ihrer Buchhandlung oder direkt beim Verlag zu beziehen. Weitere Titel, so zum Beispiel das »Alpha-Kochbuch«, sind bereits in Vorbereitung.

Nicky Gumbel, »Fragen an das Leben«

Dieses Buch, das die Grundlage von Alpha bildet, enthält in ausführlicher Form die fünfzehn Vorträge des Kurses. Es ist für Gemeindeleiter sehr hilfreich bei der Vorbereitung ihrer Vorträge. Kursleitern und ihren Helfern wird es ein nützliches Nachschlagewerk für ihre Arbeit sein.

Teilnehmern des Alpha-Kurses wird empfohlen, »Fragen an das Leben« während des Kurses zu lesen, um das, was sie dort lernen, zu vertiefen. Das Buch eignet sich sehr gut zur Weitergabe an alle, die sich für den christlichen Glauben interessieren.

»Der Alpha-Kurs« (Trainingsheft für Leiter und Helfer)

Dieses Buch dient zur Ergänzung für Kursleiter und Helfer. Darin finden sich Tips zur Vorgehensweise und darüber, wie man die Teilnehmer während des Kurses besser unterstützen kann.

»Der Alpha-Kurs« (Teilnehmerheft)

Dieses Buch erhält jeder Kursteilnehmer. Das Teilnehmerheft enthält einen Abriss von jedem der fünfzehn Vorträge (inklusive der Bibelverweise). Dies ermöglicht den Teilnehmer, den Vorträgen besser zu folgen und eigene Notizen anzufertigen. Darüber hinaus ist dieses Teilnehmerheft eine nützliche Zusammenfassung des Kurses, mit deren Hilfe man das dort Gelernte immer wieder auffrischen kann.

Nicky Gumbel, »Jesus!?«

»Jesus!?« ist ein kleines evangelistisches Buch, das mit amüsanten, zeitgemäßen Illustrationen versehen ist.

Es eignet sich hervorragend als Geschenk für die Gäste des großen Alpha-Abendessens und Teilnehmer der Gottesdienste und generell jeden, der sich für den christlichen Glauben interessiert.

Nicky Gumbel, »Warum Weihnachten?«

Diese Buch ist die Weihnachtsausgabe von »Jesus!?« und ein ideales Weihnachtsgeschenk.

Nicky Gumbel, »Herausfordernder Lebensstil«

Dieses Buch ist Teil der Materialien für Personen, die den Alpha-Kurs bereits abgeschlossen haben. An Hand einer zeitgemäßen Interpretation der Bergpredigt zeigt Nicky Gumbel, wie Christen am Ende des 20. Jahrhundert die Nachfolge Jesu praktisch leben können. Was den Leser in diesem Buch erwartet, sind keine frommen Verhaltensregeln, sondern eine ermutigende und herausfordernde Lebensalternative.

»Herausfordernder Lebensstil« enthält 19 Kapitel und könnte in zwei Sitzungen behandelt werden.

»Ein Gott, der Leben verändert«, zusammengestellt von Mark Elson-Dew

Was passiert, wenn eine Gemeinde anfängt, Gott wirklich ernst zu nehmen? Richtig: Gott nimmt sie ernst! Wie das konkret aussieht, wurde in diesem Buch zusammengetragen. Geschichten von Menschen, die das Wirken Gottes in ihrem Leben erfahren haben. Was sie erlebten, ist spannend und bewegend, überaschend und – nachprüfbar.

Anmerkungen

1. Die Statistik wurde entnommen aus: *1992 Social Trends* des *Central Statistical Office*.

2. Der führende Missionswissenschaftler David Bosch definiert »Evangelisation« als die »Verkündigung des Heils in Christus an die, die nicht an ihn glauben. Sie werden zu Buße und Umkehr aufgerufen, die Vergebung der Sünden wird verkündigt und sie werden eingeladen, lebendige Glieder der irdischen Gemeinschaft Christi zu werden und ein Leben des Dienstes an anderen in der Kraft des Heiligen Geistes zu führen«.

3. John Stott, *The Contemporary Christian*, IVP 1992, S. 241.

4. Michael Green, *Evangelism through the Local Church*, Hodder & Stoughton, 1990, ix.

5. John Stott, a. a. O., S. 121, 127.

6. Graham Tomlin, *Evangelical Anglicans*, hrsg. von R. T. France und A. E. McGrath, SPCK, 1993, S. 82-95.

7. John Stott, *Issues Facing Christians Today*, Marshalls 1984, xi.

8. Leslie Newbigin, *The Open Secret*, SPCK, 1995, S. 11.

9. Sprachengebet: »Kommt jemand an die Grenze seiner Ausdrucksfähigkeit, kann es sein, daß er auf einmal unbekannte Silben und Worte spricht, die ganz von seiner inneren Bewegung erfüllt sind, sei es Lob oder Bitte, Freude oder Klage und vor allem Liebe. Dieses ›Sprachengebet‹, das in der Urkirche weit verbreitet war (Mk 16,17; Apg 2,4; 10,46; 19,7; 1 Kor 12,10.28; 14), ist

nicht etwa eine ›verzückte Rede‹, auch nicht ein unkontrolliertes Lallen [...], sondern ein oft sehr ruhiges Sprechen vor Gott. Darin ist der Mensch gesammelt und ganz ›bei sich‹; und dies um so mehr, je mehr er bei Gott ist. Bei einer gesunden Entwicklung wachsen also im Umgang mit dem Sprachengebet Freiheit und Gelassenheit. [...] Der Sinn dieser Gebetsart ist eine ganzheitliche Beziehung zu Gott, wodurch der betreffende [sic] selbst ›aufgebaut‹ wird (1 Kor 14,4).« Aus: Norbert Baumert, »Gaben des Geistes Jesu, Das Charismatische in der Kirche«, Graz, Wien, Köln: Verlag Styria, 1986, S. 15.

10. Damit sind das Matthäus-, das Markus- und das Lukas-Evangelium gemeint. Als »Synopse« bezeichnet man in der Literatur die Anordnung von verwandten Texten (oder Textteilen) im Druck in fortlaufenden parallelen Spalten vor allem zu wissenschaftlichen Zwecken, um Textparallelen, -abhängigkeiten und -unterschiede zu bestimmen.

11. Wayne Grudem, *Systematic Theology*, IVP, 1994, S. 763-787.

12. David Pawson, *Fourth Wave*, Hodder & Stoughton, 1993, S. 36-37.

13. John Pollock, *John Wesley*, Hodder & Stoughton, 1989, S. 118.

14. George Whitefield, *Journal*, Banner of Thruth, 1992.

15. Charles Finney, *Memoirs of Rev. Charles G. Finney*, New York, Flemming H. Revell, 1876, S. 19.

16. John Pollock, *Moody without Sankey*, Hodder & Stoughton, 1963, S. 83-87.

17. R. A. Torrey, *The Baptism with the Holy Spirit*, Dimension Books, 1972, S. 11, 54.

18. John Pollock, *Billy Graham*, Hodder & Stoughton, 1966, S. 62-63.

19. Nicky Gumbel, »Fragen an das Leben«, Wiesbaden: Projektion J Verlag, 1993.

20. Nicky Gumbel, »Jesus?!«, Wiesbaden: Projektion J Verlag, 1992.

21. Juan Carlos Ortiz, zitiert in: *Alpha Magazine*, Januar 1993.

22. R. A. Torrey, *Personal Work*, Pickering & Inglis, 1974, S. 9-10.

23. Nicky Gumbel, *Searching Issues*, Kingsway, 1994. Dieses Buch ist bislang noch nicht auf Deutsch erschienen. Literatur zum Thema »Kleingruppen« finden Sie auch in: Bill Donahue: »Authentische Kleingruppen leiten, Das Handbuch für eine lebensverändernde Kleingruppenarbeit«, Wiesbaden: Projektion J Verlag, 1997.

24. *Church Times*, 7. September 1989.

25. C. H. Spurgeon, *Lectures to My Students*, Marshall Pickering, 1954, S. 77.

26. Phillips Brooks, *Lectures on Preaching: The Yale Lectures*, Dutton 1877, Allenson, 1895, Baker 1969, S. 28.

27. *The New Bible Dictionary*, InterVarsity Press, 1962, S. 827.

Tragen Sie Ihren Kurs ins Alpha-Verzeichnis ein!

Als Alpha (Deutschland) Förderverein e. V. freuen wir uns, dass Sie einen Alpha-Kurs planen oder bereits durchführen. Vermutlich kann Ihnen auch die folgende Information nützlich sein:

Ein Alpha-Verzeichnis beim internationalen Alpha-Büro in London und ein deutsches Verzeichnis beim Alpha e. V. geben derzeit aktuell Auskunft darüber, wo Alpha-Kurse stattfinden.

Wozu ein Alpha-Verzeichnis?

Ständig erreichen uns Anfragen aus dem In- und Ausland, ob es in bestimmten Gegenden Alpha-Kurse gibt. Manche suchen einen Kurs für sich selbst, andere für Verwandte und Bekannte. Daher helfen Sie uns, wenn Sie sich als einen Teil des bunten und ständig wachsenden Alpha-Mosaiks in Deutschland und weltweit zu erkennen geben.

Im Alpha-Verzeichnis spiegelt sich die große Weite des Alpha-Konzepts wider; man stößt auf Gemeinden unterschiedlichster Regionen, Denominationen und Prägungen. Wir haben die Erfahrung gemacht, dass dieses Zeugnis für die Einheit des Leibes Christi ein Hoffnungszeichen unter Christen ist und bei Skeptikern und Distanzierten Interesse und Neugier weckt.

Immer wieder interessieren sich christliche und säkulare Medien für Alpha. Wir sind um eine eingagierte und konstruktive Öffentlichkeitsarbeit bemüht. Das gelingt umso besser, je breiter die Alpha-Bewegung ist und je detaillierter unsere Informationen sind über das, was an der Basis konkret geschieht.

Vier Vorteile für Sie

1. Das aktuelle Alpha-Verzeichnis wird im Internet und in den Publikationen des Alpha-Fördervereins veröffentlicht. Ein Eintrag Ihres Kurses in das Verzeichnis bedeutet also kostenlose Werbung für Ihren Kurs.
2. Gleichzeitig werden Sie zwei- bis dreimal im Jahr über aktuelle Entwicklungen im In- und Ausland informiert und erhalten Veranstaltungshinweise und Einladungen zu regionalen Schulungen.
3. Unsere Alpha-Berater laden in unterschiedlichen Abständen auch die Kursleiter der jeweiligen Region zum Erfahrungsaustausch ein. Dies sind willkommene Gelegenheiten, um Kontakte zu knüpfen, ermutigt zu werden und nützliche Tipps mitzunehmen.
4. Bei einer breiten Basis registrierter Kurse lohnt sich die Entwicklung von Werbematerial (Plakate, Broschüren, Pressetexte), das dann günstig abgegeben werden kann.

Und so geht's

Die Aufnahme ins Alpha-Verzeichnis ist kostenlos und bedeutet nicht, dass Sie irgendwelche finanziellen oder rechtlichen Verpflichtungen eingehen. Bitte schreiben Sie an:

Alpha (Deutschland) Förderverein e. V.
Hindenburgstr. 75
91054 Erlangen
Tel: 0 91 31 / 20 30 18 • Fax 0 91 31 / 20 30 19
E-Mail: alphaoffice@tcf.de

Oder registrieren Sie Ihren Kurs online unter:

http://come.to/alpha-kurs/

Edition Alpha

Der Alpha-Kurs bei Projektion J

Was vor einigen Jahren in einer Londoner Gemeinde begann, gehört heute zu den hoffnungsvollsten und erfolgreichsten Möglichkeiten, Menschen, die dem Glauben entfremdet sind, mit der Botschaft Jesu Christi zu erreichen. Die Alpha-Kurs-Hefte überzeugen durch ihre Lebensnähe und ihre Anpassungsfähigkeit an jede Gemeindesituation. Mit dem Alpha-Kurs erhalten Sie mehr als einen »modernen« Zugang zur Welt des Glaubens!

Der Alpha-Kurs
Leiterheft
Gh., 46 Seiten
ISBN 3-89490-134-9

Der Alpha-Kurs
Teilnehmerheft
Gh., 80 Seiten
ISBN 3-89490-133-0

Edition Alpha

Geschichten von Menschen, deren Leben durch Alpha verändert wurde

Mark Elson-Dew hat in diesem
Buch Geschichten von Menschen
zusammengetragen, die das Wirken
Gottes in ihrem Leben erfahren
haben. Was sie erlebten, ist spannend und bewegend, überraschend
und – nachprüfbar. Ihre Erfahrungen
haben auch – gesammelt zwischen
zwei Buchdeckeln – die Kraft, den
Glauben an einen lebendig wirkenden Gott zu wecken.

Mark Elson-Dew, Ein Gott, der Leben verändert
Persönliche Geschichten von ungewöhnlichen
Veränderungen im Leben von Menschen
Tb., 192 Seiten • ISBN 3-89490-211-6

Christsein im 20. Jahrhundert

Herausfordernder
Lebensstil
Nicky Gumbel

An Hand einer Neuinterpretation der Bergpredigt gibt Nicky Gumbel in klarer und verständlicher Weise Antworten auf Fragen, die wahrscheinlich jedem Menschen unter den Nägeln brennen: Wie kann ich auf eine Gesellschaft Einfluss nehmen, in der der Einzelne immer weniger zählt? Wie gehe ich in einer Zeit allgemeinen wirtschaftlichen Niedergangs sinnvoll mit Geld um? Und wie baue ich positive Beziehungen zu meinen Mitmenschen auf?

Nicky Gumbel, Herausfordernder Lebensstil
Tb., 304 Seiten • ISBN 3-89490-212-4